会計士の歴史

The Development of the Accountancy Profession in Britain to the Early Twentieth Century

R. H. パーカー 著
友岡賛／小林麻衣子 訳

慶應義塾大学出版会

R. H. Parker
The Development of the Accountancy Profession
in Britain to the Early Twentieth Century

会計士の歴史

訳者緒言

我々訳者ふたりの出遇いは一九九一年六月二〇日、スコットランドのグラスゴウ大学はサウスパーク・アヴェニューのオフィスにてのことであった。

この邂逅以来、一五年間にも及ばんとする仲の我々が初めて一緒に仕事をした。とても嬉しい。

本書はR. H. Parker, *The Development of the Accountancy Profession in Britain to the Early Twentieth Century*（Academy of Accounting Historians, 1986）の訳である。

およそ二〇年前に上木されたこのR・H・パーカー（イングランドのエクセター大学の

教授（現在は名誉教授））のモノグラフはしかしながら、けだし、すでにして R. Brown (ed.), *A History of Accounting and Accountants* (T. C. & E. C. Jack, 1905) および A. H. Woolf, *A Short History of Accountants and Accountancy* (Gee & Co., 1912)（この二書はいわば別格とされるべきではあろうが）ならびに例えば N. A. H. Stacey, *English Accountancy 1800–1954: A Study in Social and Economic History* (Gee & Co., 1954)（以上の三書については例えば友岡賛『歴史にふれる会計学』（有斐閣、一九九六年）四～一〇頁をみよ）などとともにいわば会計プロフェッション史の古典とされてよく、また、簡にして要を得ていることをもって後続の会計プロフェッション史に頻々と用いられている。

なお、タイトルに示されるとおり、二〇世紀の前半にいたるまでのイギリスにおける会計プロフェッションの発展、を扱うこのモノグラフはいわば概論であることからして読み易い一方、詳細なものではないことは言を俟たず、この点を補いたい向きには、一九世紀ないし二〇世紀のイギリスにおける会計プロフェッションの発展、を詳論した友岡賛『会計プロフェッションの発展』（有斐閣、二〇〇五年）が用意されている。

(記憶が定かではないが) 本書の刊行をおもいたったのは (多分) 昨年の暮れ頃、また、訳に着手したのは今年の春のことであった。夏休み明けには入稿の予定であったが、ほかの仕事に追われ、意想外に暇取ってしまった。

二〇〇五年一一月一八日、三田山上にて

友岡賛
小林麻衣子

目次

謝辞

不断の励ましと助力とをいただいたハリィ・マギル氏およびコメントをいただいたリー・D・パーカー教授に感謝する。

本書は〈アーサー・アンダーセン&Co.〉より助成金を受けている。

緒言

本書はこの一〇〇年間に提起された会計士事務所の適切な業務の範囲を繞る問題に歴史的な視座をもたらすべくものされたものである。一九世紀の前半より二〇世紀の前半までのおよそ一〇〇年間を対象とする本書にはしたがって、アメリカにおける会計プロフェッションの発展史と少しく重なる部分がある。

この時期における商業、経済、および社会の革命的な変化によって生成をみた新たなプロフェッションは、いよいよ所有者および投資者の手から離れていった大規模な企業の設立、運営（および清算）を成功させるのに必要な伎倆を有していた。無類の信任を得たこのプロフェッションの従事者たちは業務の遂行に必要な伎倆ならびに自らの独立性、誠実性、および客観性を維持する手立てを速やかに確立した。彼らは、生じうる対立的な利害関係が調整されなければならない情況を感知し、この情況に対処する責任を意識的に引き受けた。

一九世紀の後半、アメリカにおいても同様の変化が同様の対応を求め、会計プロフェッションはこの国にあっても定着をみるにいたった。アメリカにおけるこのプロフェッションの発展についてその要因の余りに多くをイギリスの経験に求めることは誇張であろうが、両者の繫がりは明らかである。イギリスの初期の会計士たちは旧世界からの投資に同行し、彼らの伎倆やアイディアを新世界に適応させた。とりわけ重要なことはプロフェッショナルのもつべき客観性およびバランスの伝承であった。客観性およびバランスは監査業務が公共会計士業の中核をなすにいたった結果、いよいよ重要性を増した。

イギリスにおいて発展をみたこのプロフェッションとアメリカにおいて発展をみたそれとの大きな異同は、前者が組織化され、その従事者の資格はこれを民間のプロフェッショナル団体が与えているのにたいし、後者は諸州の制定法によって規制され、いずれのプロフェッショナル団体に属するかにかかわらず、その従事者の資格はこれを州が与えている、という点である。本書はただし、こうした異同や次の世紀に生じたその他の異同は埒外とし、ルーツ、目標、および倫理的制約などといった共通の事柄をもって考察する。

序

ビッグ・エイト会計士事務所の名はアメリカ中においてよく知られているが、会計プロフェッションの創始者一六名の姓からなるこれはしたがって、彼らを記念するものとなっている。この一六名のうちの五名（クーパー（ただし、四兄弟）、デロイト、プライス、ウォーターハウス、およびウィニィ）はイングランド人、また、ほかの五名（ピート、マーウィック、ミッチェル、トゥシュ、およびヤング）はスコットランド人であった。このことはアメリカのこのプロフェッションが部分的にイギリスに由来することを最も明確に示している。

しかしながら、このことをもって、古くから英語圏の人々が会計士業に優位を占めてきた、と理解してはならない。アメリカ人のみならずイギリス人も比較的晩くにこの分野に参入してきたのである。この分野の先駆は一三世紀の後半以降のイタリア諸都市の支配階級であった。例えば複式簿記の技法は、コロンブスによるアメリカ大陸の発見の頃まで、イタリア商人のみがこれを用いていた（de Roover, 1956, p. 160）。皮肉にも、現存のおそらくは最古の複式簿記のひとつはシエーナのガッレラーニ商会のロンドン支店の帳簿（一三〇五年～一三〇八年）にみることができ、これはイングランドにおいて発見されているが、外国の技法を外国語をもって示したこの帳簿は当時、経済的に未発達の国の商人にはおよそ影響を及ぼすことがなかった（Nobes, 1982）。

「イタリア式」と称されたもののヨーロッパ中への普及は現存する最古のこの種の英語文献のタイトルに次のように要領よく示されている（Ympyn, 1547）。

『帳簿記入の方法および形式を説明した著名にしてすこぶる勝れた書……イタリア語からオランダ語へ、ついでオランダ語からフランス語へ、そしてここにフランス語から英語へと丁寧に翻訳された』。

小規模な企業を所有者が当座的に経営していた時代、あるいは所得税が存在しなかった時代にあっては外部者による会計サーヴィスはほとんど需要がなかった。商人の大方は自ら会計士の役割を担い、商人の年季奉公制度においては簿記の指導が必須であった。こうした情況の下、一六世紀の中葉以降のイギリスにおいては簿記にかんする文献が数多く上木されているが、その著者は多くの場合、公共会計士ではなくして校長ないし商人であった。チャールズ・スネルによって作成された最古の会計士報告書はしかしながら、会計サーヴィスに或る程度の需要があったことを示している。ロンドン市の習字学校の校長であったスネル（一六七〇年～一七三三年）には『詩によって説明されたイタリア式簿記の初歩』などの著があるが、より重要なことは彼の手になる『ソーブリッジ商会の帳簿の調査にかんする所見』（一七二一年頃）はこれが独立的な会計士が専門家としてこの手の報告書の作成を依頼された最初の例とされていることである。スネルが依頼されたのは大蔵大臣チャールズ・スタンホウプにかかわる南海会社の帳簿記入にかんする報告であった（Worthington, 1895（これにはこの報告書が収められている）および Bywater and Yamey, 1982, pp. 137–141）。

比較的後れていたイギリスの会計はしかし、産業革命の結果、一八世紀の後半にはその後進性を払拭しはじめ、一九世紀の後半までに世界一の水準へと発展をみ、また、イギリスの会計士および会計技法は大西洋を渡り、アメリカにおけるこのプロフェッションの基礎づくりに貢献したのである。

成立要因

Founding Influences

James McClelland
1799-1879

会計士業の発展にとっては一九世紀のイギリス経済における四点、すなわち、鉄道会社を首めとする大規模な企業の増加、有限責任会社の発展、破産の頻発、および所得税の導入がとりわけ重要であった。これらによって高まりをみた監査業務、破産関係業務、原価計算業務、および税務業務への需要はこれをすべて会計プロフェッションが満たし、このプロフェッションは最初の会計士団体が設立をみてから五〇年後の一九〇四年現在、およそ六、〇〇〇名のメンバーを擁するにいたった。

この時期、イギリスの会計プロフェッションがくさぐさの財務サーヴィスの提供者として発展をみていった有様はこれが二〇世紀におけるアメリカのこのプロフェッションの形成に影響を及ぼすこととなった。無論、経済および社会の情況は変化してきているが、今日のこのプロフェッションの望ましい在り方を論ずるにあたって、その歴史的起源について考察することは重要である。

鉄道の時代

イギリスにおいて鉄道の時代がはじまったのはリヴァプール、マンチェスター間の鉄道が開通した一八三〇年のことであった。鉄道建設は、一八三五年より一八三七年まで、一八四五年より一八四七年まで、および一八六〇年代の半ば、という一連の設立「マニア」においておこなわれ、一八七五年までには最終ルートの七〇％超が建設されるにいたっていた。

「一九世紀のイギリスにおける大規模自由企業資本主義の典型例」(Gourvish, 1980, p. 9) にして最大規模の産業のひとつであった鉄道業は特に次の点において経済および社会に重要な影響を及ぼした。

(一) 要投資額および運営費額が従来のいずれの企業と較べても遙かに大きかった。例えば一八三〇年より一八五三年までに開通した二七の鉄道の建設費の平均はおよそ二、〇〇〇、〇〇〇ポンドであったし、また、一八五一年現在、建設作業員を除く労働者は平均二、五〇〇名超であった (Pollins, 1952)。

(二) しかも、当初からかなりの程度の集中がみられた鉄道会社は大規模な組織となった。

(三) メイカーはその大方が未だ家族経営であったのにたいし、巨大な鉄道会社は企業経営の先駆であった。

(四) その多くは議会の個別法をもって設立され、特別の制定法に遵わなければならなかったとはいえ、鉄道会社は一般会社法および実務の変化を促した。

(五) 鉄道会社による自然独占は政府による規制をもたらし、鉄道会社は疾うから規制下に置かれた。

(六) 鉄道会社は株式市場ならびに株式資本および借り入れ資本の調達方法に影響を及ぼした。例えばロンドン証券取り引き所にあっては一八八〇年頃以降、鉄道会社の有価証券が額において最大のグループを構成していた(一九一三年には総額の三七%を占めるにいたっていた)。金融紙の創刊は主として鉄道会社の株式にたいする人々の関心がこれをもたらした。

(七) 資本と収益との区別、減価償却、プロフェッショナル監査、画一性対多様性、ならびに株主および公衆にたいする情報開示などといった会計の諸問題にかんする議論は鉄道会社によって促され、また、ものによっては鉄道会社が初めてもたらした。

既述のように、鉄道会社は議会の個別法をもって設立された。各法には異同がみられたとはいえ、すべての鉄道会社に共通の事柄も必然的に少なくなかった。この諸法を標準化すべく一八四五年に制定をみたのが会社約款統一法であった。(いまもって法令集に収められている) この法はその幾つかの条項が計算書類および監査について定めている。計算書類（財務諸表）は「充分かつ真実な」ものでなければならず、株主が入手可能でなければならないとされ、また、監査人の任命が求められていた。しかしながら、立法者が念頭に置いていた監査人は外部のプロフェッショナルではなくして株主であったため、この法は株主であることをもって監査人の資格要件としていた。

一八四五年法が制定をみてほどなく、一八四〇年代の「鉄道マニア」における不正およびとりわけイースタン・カウンティーズ鉄道の財務上の諸問題によって設置された鉄道会社の計算書類の監査にかんする上院の特別委員会は一八四九年にみっつの報告書を提出、みっつめの報告書には監査にかんする最初期の議論をみることができる。

良識に満ちたこれらの報告書はしかしながら、二〇年の間、ほとんどないしまったく影響力をもつことなく、立法へと繋がることもなかった。漸う立法をみたのは、多くの鉄道会社が窮境に陥り、有力な鉄道建設業者であったマイケル・ペイトゥ卿が破産した一八六六年の金融危機ののちにおいてであった。一八六八年の鉄道規制法はいわゆる「複会計」システムの採用をもって鉄道会社に求め、また、監査人は株主であるべきという要件を廃した。

鉄道会社を繞る諸問題は公共会計士業の先駆者たちに仕事をもたらした(Parker, 1980)。例えばウィリアム・ウェルシュ・デロイトはグレイト・ウェスタン鉄道の仕事を手掛け、また、『アカウンタント』（一八九八年）に掲載された彼の死亡記事によれば、「一八五六年にグレイト・ノーザン鉄道におけるレッドパスの重大な不正を調査、解明した」。ウィリアム・クィルターとジョン・ボールとの事務所（のちにデロイトの事務所に吸収された〈クィルター・ボール＆Co.〉も鉄道会社と重要な繋がりをもっていた。一八六六年に窮境に陥った会社のひとつにロンドン・チャタム・アンド・ドウヴァー鉄道があった。スコットランドの会計士ロバート・フレッチャーはこの会社を援けるべくロンドンへと移り、〈ピート・マーウィック・ミッチェル＆Co.〉の前身事務所を設立した。鉄道料金は鉄道会社と「商人」との争いの種であって、この問題は鉄道および運河委員会においてしばしば論議されていたが、この複雑な問題について証人を務めた有能な専門家がジョン・メインジャー・フェルズであった。フェルズは今日においては原価計算にかんする最初のスタンダード・テキストの共著者として知られている。

　鉄道会社の登場はこれのみをもって一九世紀のイギリスに会計プロフェッションが生成をみたわけではなかった。しかしながら、単なる監査ではなくして専門的にして独立の立場からする監査、これが最初に必要とされたのは鉄道会社においてであった。鉄道会社にたいする規制、とりわけ計算書類および監査にかんするそれはプロフェッショナル会計士たちに直接に有利なものではなかったが、彼らに、価値のある必要なサーヴィスを提供することができることを示す機会、を与え、また、彼らはその機会を逃さなかったのである。

会社と会社法と

イギリスにおける会計士業は、アメリカの場合とは異なり、会社法によって大きな影響を受けてきた。近代会社法の要点は当局への登記をもって法人格、継続性、および有限責任制を認める点である。近代会社法の嚆矢である一八四四年株式会社法は重要な三原則、すなわち、パートナーシップと株式会社との峻別、議会の個別法ないし勅許に代えての登記のみによる法人の設立、および新設の会社登記官への情報提供をもって果たされる公的な会計責任を導入し、一八五五年には有限責任制が追加され、一八五六年には統合的な改正法が制定された。会社法の泰斗はこの法について次のように記している。「レッセ-フェールの全盛期に制定をみたこの法は、ほぼ免許並みの容易さをもってする有限責任制をともなう法人の設立、を認めた……一八五五年法における保護規定は事実上、すべて削除された」(Gower, 1979, p. 48)。一八五六年法は一八六二年に新法に取り替えられ、この一八六二年法は一九〇八年まで基本法の位置にあった。

新しい事業組織形体は瞬く間に弘まった。有限責任会社数は一八五八年には一、〇〇〇、一八六四年には二、〇〇〇と推算されている（Todd, 1932）。公的な数値は一八八四年のものから入手しうるが、この年には八、六九二の会社があった。爾後、一八九四年には一八、三六一社、一九〇四年には三七、二八七社、一九一四年には六〇、七五四社（そして一九八六年には一、〇〇〇、〇〇〇社超！）と急増している。これらの会社はその多くが「公開会社」ではなくして「私会社」であったが、ただし、法がこの両者を区別するにいたったのは一九〇七年のことであった。

しかしながら、一八八〇年代の半ばにおいても、メイカーの多くは未だ家族経営にとどまっていた（Clapham, 1938, p. 203）。爾後、大企業の多くは「繊維産業、醸造業、製鉄業、セメント産業、壁紙産業、およびタバコ産業におけるすこぶる大規模な合併の嵐」(Payne, 1967, p. 527）によって有限責任を採用し、また、パートナーシップおよび私会社は上場公開会社を形成すべく合併した（アメリカにおいてはこの時期、持ち株会社の設立が一般化していたが、イギリスにおいてはそうではなかった）。

ロンドン証券取り引き所にあって商工業会社は一八八〇年代にいたるまで重要な存在ではなかった。この取り引き所の主要な機能は、一九世紀を通じて、中央政府の公債発行のための市場を提供すること（実際にはこの公債の発行は絶対額としては減っていったが）、国内の運河、鉄道、および公益事業に資本を提供すること、ならびに著しい急増をみた海外投資に対応することであった。

有限責任株式会社は一九一四年までには「土地、道路、およびその他の公有物を除き、イギリスの商工業の日々の営みに必要な経済の領域をほぼ征服するにいたっていた」(Clapham, 1938, p. 288)。

一九世紀のイギリスの会計士たちはまずは主として彼らが従事していた破産関係業務との関係において会社法に関心をもち、他方、監査はほとんど重視していなかった。

鉄道業への規制を首めとするイギリスにおける会社法制の発展は組織化された会計プロフェッションの成長を大いに促した。ただし、これは、独占を与えた、ということではなくして、関聯する法の知識、数量的思考力、独立性、および誠実性を兼ね具えた人々に機会を与えた、ということであった。これらを兼ね具えたプロフェッションは従来、およそ存在せず、そうしたなか、会計士たちは、これらを兼ね具えるのみならず、これらを誇示するためにはプロフェッショナル団体の結成が必要であることを直ちに覚ったのである。

破産関係業務

一九世紀のイギリス経済は、成長のみならず、幾度もの金融危機および許多の破産に

表一　1856年より1883年までのイングランドおよびウェイルズにおける会社の登記および解散†

	登記[a)]	登記後３年以内の解散(%)	登記後10年以内の解散(%)	登記後20年以内の解散(%)
1856年～1865年	3,104	21	49	61
1866年～1874年	4,233	24	57	70
1875年～1883年	6,240	28	57	72
	13,577	25	55	69

† Shannon, H. A., 'The First Five Thousand Limited Companies and Their Duration', *Economic History*, Jan. 1932, Table C.
Shannon, H. A., 'The Limited Companies of 1866-1883', *Economic History Review*, Oct. 1933, Tables A and B.

a) 無限責任会社，保証有限責任会社，1856年７月より前に設立されたものとして登記された会社，スコットランド，アイルランド，ないし錫鉱地域にて登記された会社，当初の書類を提出後，およそ所得申告書を提出しなかった会社，および払い込み済み株式資本が500ポンドを超えたことがなかった会社を除く。

よっても特徴づけられるものであった。残念ながら、個人商人およびパートナーの破産件数については信頼しうる資料が存在しないが、会社の解散については表一が驚くべき数字を示している。

有限責任会社はその多くが設立されるや否や解散した。およそ四分の一は登記されてから三年以内、およそ二分の一は一〇年以内、およそ四分の三は二〇年以内に解散した。一八六二年会社法は官選清算人の職を設け、これには多くの場合、会計士が任命された。この法は「会計士に実入りのよい新たな仕事をもたらし、また、疑いなく、このプロフェッションにて財をなさんとする多くの野心ある若者を惹きつけた。……この……法……が

『会計士の友』と称されている事訳は容易に理解することができる」(Woolf, 1912, p. 176)。

所得税

イギリスにおいて初めて所得税制が設けられたのは一七九九年、ナポレオン戦争の戦費調達のためにであった。この税制は一八〇二年、アミアンの和約ののちに廃され、戦争が再開された一八〇三年に再導入され、一八一五年の終戦をもって再び廃され、一八四二年に国家的な危機にたいする一時的措置としていま一度、導入され、爾来、存続している。所得税のウエイトは二〇世紀の最初の一〇年間に増大し、一九〇〇年現在、標準税率は所得一ポンドについて八ペンス(すなわち三・三三%)、所得への課税は要素費用による国民総生産の一%であったものが、一九一四年の第一次世界大戦勃発時にはこれらの数値は五・八三%および二%へと上昇をみるにいたり、終戦時には二五%および一〇%となるにいたっている。会計士がものした所得税にかんする最初のスタンダード・テキストが上木されたのは一八九五年、また、税務業務が破産関係業務の替わりに粗方の公共会計士にとって監査業務につぐ第二の業務となったのは第一次世界大戦中のことであった。

成長

Growth of a Profession

William Quilter
1808–1888

一九世紀の初頭においては聖職者、法曹、および医師のみがプロフェッショナルとして認知されていたが、この世紀の終わりまでには、会計士のみならず、エンジニア、建築家、薬剤師、獣医師、歯科医師、および保険数理士もくわえられ、また、古参のプロフェッションは再組織化された。スコットランドにおいては一八五〇年代まで、イングランドおよびウェイルズにおいては一八七〇年代にいたるまでおよそ正式の団体をもつことがなかった会計士はしたがって、許多のいわゆる「資格附与団体」をもたらした「団体設立の波」において先駆の役割を担うことはなかった。この波には例えば一八一八年の土木技師協会の設立、一八三四年のイギリス建築家（ロイアル）協会の設立、および一八四一年のイギリス薬剤師協会の設立をみることができ、したがって、会計士には多くの倣うべき先蹤があった (Millerson, 1964, pp. 23-24)。

新たなプロフェッションが地位を築いてゆくプロセスの分析の嚆矢のひとつであるカー＝サンダースおよびウィルスンの著 (Carr-Saunders and Wilson, 1933) は次のように説明している。第一に、或る分野の伎倆を有する従事者たちが非公式に集まって共通の諸問題について話し合い、無能者と有能者とを区別し、有能な従事者を保護しようとする。

第二に、彼らは能力水準の向上および能力を試す方法の改善を企てる。第三に、彼らは尊敬すべき従事者と無節操な従事者とを区別しようとする（これは提供するサーヴィスにおける矛楯の有無およびプロフェッショナルとしてのステイタスにかかわる)。第四に、彼らは仲間の物質的な利益を守ろうとする。

彼らの利益と公益とには潜在的な葛藤がある。或る知名の社会学者はプロフェッショナリゼイションを「専門的な知識および伎倆という希少資源を社会的および経済的な報酬へと変換する試み」と解釈している (Larson, 1977, p. xvii)。

資格附与団体

イギリスにおける会計士業のプロフェッショナリゼイションは、表二に示されるように、唯一のではなくして数多くの資格附与団体の結成をもたらした。このように多くの団体が結成されたことには幾つかの理由があった。ひとつは主要な諸都市に別箇の団体が設けられたということである。この表に示される会計士団体の名称には主要七都市の名が含まれている。イギリスの会計プロフェッションの組織はもはや各都市を基盤とするものではないが、イギリスおよびアイルランドには未だに(協力関係にはあるが)それぞれが独立した三勅許会計士団体、すなわち、《スコットランド勅許会計士協会》、《イングランド・アンド・ウェイルズ勅許会計士協会》、および《アイルランド勅許会計士協会》(対象地域は

表二　1853年より1919年までにイギリス諸島において設立された会計士団体

1853年	《エディンバラ会計士協会》(1854年勅許)[a]
	《グラスゴウ会計士保険数理士協会》(1855年勅許)[a]
1867年	《アバディーン会計士協会》[a]
1870年	《リヴァプール会計士法人協会》[b]
	《ロンドン会計士協会》[b]
1871年	《会計士マンチェスター協会》[b]
1872年	《イングランド会計士協会》[b]
1877年	《会計士シェフィールド協会》[b]
1880年	《イングランド・アンド・ウェイルズ勅許会計士協会》
	《会計士スコットランド協会》[c]
1885年	《会計士監査人協会》[d]
	《地方自治体収入役会計士協会》[e]
1888年	《アイルランド勅許会計士協会》
1891年	《社団法人会計士社》[f]
1903年	《認可公共会計士協会》[g]
1904年	《会計士ロンドン協会》[f]
1905年	《会計士中央協会》[h]
1919年	《原価会計士工場会計士協会》[i]

a) 1951年に合併,《スコットランド勅許会計士協会》を設立。
b) 1880年に合併,《イングランド・アンド・ウェイルズ勅許会計士協会》を設立。
c) 1899年に《会計士監査人協会》が吸収。
d) 1908年に《法人会計士監査人協会》へと改称, 1954年に《法人会計士協会》へと改称, 1957年に《イングランド・アンド・ウェイルズ勅許会計士協会》,《スコットランド勅許会計士協会》, および《アイルランド勅許会計士協会》が吸収。
e) 1901年に(《地方自治体収入役会計士協会 (Corporate Treasurers' and Accountants' Institute)》より)《地方自治体収入役会計士協会 (Institute of Municipal Treasurers and Accountants)》へと改称, 1973年に《財政公会計勅許協会》へと改称。
f) 1939年に合併,《認可会計士法人会計士協会》を設立。
g) 1941年に《認可会計士法人会計士協会》が吸収 (《認可会計士法人会計士協会》は1971年に《認可会計士協会》へと改称, 1984年に《認可会計士勅許協会》へと改称)。
h) 1933年に《認可公共会計士協会》が吸収。
i) 1972年に《原価会計士管理会計士協会》へと改称。
［訳者註］《アバディーン会計士協会》の設立年は正しくは1866年 (ちなみに, 1867年は勅許年)。

アイルランド共和国と北アイルランドとの両方）がある。第二の事訳は、団体の設立者はメンバーに名を列ねることができる者とできない者とを決めなければならないという点にあった。公的な規制が存しない情況にあって排除された人々は、自分たちは酷い処遇を受けているとかんがえ、自らの団体を設立しようとする。第三の理由は、会計士業には一種類の伎倆ではなくして関聯する幾種類もの伎倆が要求されるため、一八八五年の地方自治体の会計士の団体の設立および一九一九年の原価会計士の団体の設立のような専門特化した団体の設立がみられたということである。

表二が明確に示しているように、スコットランドは会計士団体の設立においてイングランドに遙かに先んじていた。今日、スコットランド人の血を曳く会計士たちは、このことをもって教育および専門性におけるスコットランドの先進性の明確な証左と看做し、また、事実、一九世紀にあってスコットランドの教育は、イングランドのそれに比して、より広汎にしてより実践的なものであった（Stacey, 1954, p. 13）。しかしながら、事訳はこれのみではない。より注意深く考察すべきは、一九世紀の会計士が提供していたサーヴィス、そしてまた、前出のカー＝サンダースおよびウィルスンの著（p. 297）が述べているように、或る特定のときにおける会計士団体の出現は或る特定の法の制定と関係があるという点である。注目すべきは、一七〇七年の聯合法の成立後に制定をみた会社法および税法は

したがって、いずれの面においても同一であるのにたいし、破産法はスコットランドとイングランドとにおいて異同があるという点である。

特にエディンバラにおいては会計の仕事と司法の仕事との結びつきが強く、また、ここにおける多くの生命保険会社の設立の成功には会計士たちの貢献があった（Brown, 1905, pp. 182, 195）。ウォルター・スコット卿は一八二〇年、甥の職業選択にかんする書翰において、会計士業について、「大いに尊敬すべき」、「我々の法曹業の諸分野」のひとつ、という述べ方をしている（Brown, 1905, p. 197）。また、数年後の一八二四年、ジェイムズ・マックレランド（〈アーサー・ヤング〉のイギリスにおける前身事務所のひとつの創立者にして《グラスゴウ会計士保険数理士協会》の初代会長）は自身の業務を次のように広告している。

仮差し押さえを受けた財産にかんする差配人および管理人の仕事
信託証書にもとづいて行為する債権者の受託者のためにする管財人ないし差配人の仕事
故人の法定相続人のために行為する管財人のためにする差配人の仕事
郊外の居住者のためにする差配人の仕事

グラスゴウの破産者にかかわるイングランドおよびスコットランドの家屋にかんする代理人の仕事
パートナーシップの清算およびパートナーにかんする精算
商工業者のためにする帳簿記入および決算
問題のある計算書類および帳簿にかんする調査および精算
帳簿ないし問題のある計算書類にかんする報告書等の作成および仲裁人、裁判所、ないし訴訟代理人にたいする権利の主張
破産者の財産からの債権の回収
会計士のおこなうその他の仕事の一切

漸う団体設立の動きがはじまったのは一八五〇年代の初頭のことであった。この動きは当時、企てられていたスコットランドの破産法の改正に影響を及ぼそうという思惑によって速められた。この点にかんしてスコットランドの会計士は成功を収め、一八五六年破産法は、現在では一九一三年の法に収められているとはいえ、依然、この分野におけるスコットランド法の基礎をなしている（Brown, 1905, pp. 209, 212-213)。一八六九年にジェイムズ・マックレランドは、会計士志望者たちにたいして、彼らはいずれ「或るときには財産

について、また或るときには同胞の求めに応じて、調査、管理し……不幸な家族の救済に能力を傾注する立場に」身を置き、「ときには未亡人や父親のない者の助言者や慰安者を務めることを求められる」ことになる、と述べている（McClelland, 1869, pp. 23-24）。

エディンバラの団体による勅許の申請書およびグラスゴウの団体によるそれはいずれも、裁判所のためにする仕事、破産管財人の仕事、および保険数理士の仕事を強調し、他方、監査、税務、および原価計算にはおよそ言及していない。エディンバラの団体による申請書は次のように述べている。

> 申請者がこれに属する会計プロフェッションは永年に亙って存在し、大いに尊敬され、また、近年はすこぶる重要な存在となるにいたっています。エディンバラにおける会計士の仕事は多様かつ広汎にして計算書類にかんするあらゆる事柄を含み、これを適切におこなうには、保険数理の分野の業務にかんするすべての知識のみならず、法、とりわけスコットランド法の一般原則にかんする深い知識、就中、商事法、支払い不能および破産、ならびに財産にかかわるすべての権利にかんする深い知識を必要とします。民事上級裁判所における多くの訴訟において、直接ないし間接に会計の問題をともなう場合、会計士はほとんど必ず裁判所に雇傭され、確信を

もたらす手助けをしています。この手の調査はこれを法廷の陪審がおこなうことは明らかに極めて不適当であり、信頼しうる専門的な助力なくしては裁判所自らによる訴追も難しく、こうした事件のすべてにおいて裁判所からの付託を受ける会計士は事実上、申請者の知るところ、イングランドにおいては大法官裁判所主事によって果たされている重要な役割をすべて果たしています。会計士はまた、例えば破産者の財産にたいする請求権の順位づけおよび破産者の財産の売却、訴訟手続きおよび清算、ならびに競合権利者確定手続きなどのスコットランド特有の手続きにおいて、大いに裁判所からの付託を受けています。さらにまた、会計士は仮差し押さえにおける管財人および任意信託における受託者にも多くの場合、選任され、これらの仕事をなし遂げる義務を負っていますが、これは最高度の責任および大きな金銭的利益のためのみならず、これらの仕事が事業にかんする豊かな経験、法にかんする博い知識、および一般教育によってのみ身に着けることのできるその他の能力を必要としているからであります。

グラスゴウの団体による申請書は次のように述べている。

スコットランドにあって会計プロフェッションは永年に亙って大いに尊敬されるプロフェッションとして認識されてきています。当初は少数であったその従事者はしかし、永年に亙って急速に増え、いまやグラスゴウにおけるこのプロフェッションは大いに尊敬される許多の人々の集団となるにいたっています。会計士の仕事は博識多才を必要とします。この仕事は事実、その一分野にしか過ぎない保険数理の分野に局限されることなく、計算および数字の調査にかかわるすべての事柄を含み、また、法の一般原則にかんする多くの知識、とりわけスコットランド法の知識を欠くことのできない極めて広い範囲に及んでいます。会計士は執行官裁判所およびスコットランドにおいて最上位の民事裁判所である民事上級裁判所というふたつの裁判所に頻々と雇傭され、多少とも難しい法律上の論点を多かれ少なかれともなう会計にかんする問題の調査において裁判所に助力しています。こうした付託による会計士の仕事はけだし、イングランドにあってはこれを大法官裁判所主事がおこなっています。また、会計士は仮差し押さえにおける管財人および広大な土地にかんする私益信託証書による受託者にも多くの場合、選任され、これらの仕事においてしばしばまずは債権者の順位づけおよび競争という重要な問題ならびに財産にかかわる法にかんするその他の多くの重要な問題について熟考、決定しなければなりません。

イングランドにあって会計士団体は一八七〇年代の初頭にいたるまで設立されることがなかった。《エディンバラ会計士協会》の事務局長であったブラウンの著（Brown, 1905, p. 232）は、この後れの原因を破産法および裁判所の実務におけるスコットランドとイングランドとの異同に求めている。イングランドにおいては破産にかんする会計の問題の処理は大法官裁判所主事によって担われ、また、破産者の財産の管理は裁判所の官吏に委託されていたが、他方、スコットランドにあってこれらの仕事はプロフェッショナル会計士たちに付託され、彼らはこれを自らの実力をもってなし遂げなければならなかった。

一八八〇年の勅許状はイングランドの勅許会計士が当時、手掛けていた仕事を次のように略述している。

イングランドおよびウェイルズの公共会計士業は許多の従事者をもち、その役割は会社の解散における清算人、裁判所によって任命される収益管理人、および破産ないし債務者と債権者との間の和議における管財人の仕事において、また、裁判所に信任されるくさぐさの職において、さらにまた、公開会社およびパートナーシップ等の計算書類の監査において大きな重要性をもち、また、いよいよ重要性を増している。

留意すべきは、監査はほとんど附《つけたり》であること、および、これも税務と原価計算とにはおよそ言及していないこと、であろう。一九四八年の《イングランド・アンド・ウェイルズ勅許会計士協会》にたいする補足勅許状は、最初の勅許が与えられたとき以来、商工業が成長発展をみ、また、あらゆる社会活動および経済活動が多様性および複雑性を増した結果、同協会のメンバーの義務および責任は廓大してきている、と述べている。

一八六二年の会社法における清算人にかんする条項についてはすでに述べたが、これと同様に重要なものは、官選破産財産譲受人を廃し、債務者の財産の分配を担う破産管財人の任命について定めた一八六九年のイングランドの破産法であった。破産管財人には多くの場合、会計士が任命されたため、これまた「会計士に利益をもたらした」(Woolf, 1912, p. 177)。会計士にとっての上首尾は一八七五年に或る判事をして「破産にかかわるすべての仕事が会計士と称される無知の輩の手に委ねられてしまっている。これはこれまでの法における悪弊の最たるもののひとつである」(Worthington, 1895, p. 73) と嘆かせたほどであった。しかしながら、このプロフェッションにとって不愉快なことには、一八八三年の破産法は債権者によって任命される破産管財人の替わりに官選収益管理人を設け、多くの仕事がプロフェッショナル会計士から奪われた。《イングランド・アンド・ウェイルズ勅許会計士協会》の第二代会長にして現在の〈アーンスト&ウィニィ〉の創立者のひとりであるロバート・パーマー・ハーディング卿は首席官選収益管理人に就任すべく(また、一八九〇年に勅許会計士として初めてナイト爵に叙せられるべく)、このプロフェッションを退きさえもした。ピクスリィの著 (Pixley, 1897, p. 203) は一八八三年の法を「このプロフェッションにたいする直接攻撃」としているが、ただし、一八九二年より一八九七年までエクセターのトマス・アンドルーの年季奉公人を務めていた若きジョージ・O・メイはこの間、ほとんど破産関係業務ばかりに従事していた (Grady, 1962, p. 10)。しかしながら、多くの会計士たちは破産関係業務を失い、他方また、彼らにはこれを埋め合わせて余りある監査業務の増加がもたらされた。

監査業務が破産関係業務の替わりに大方の会計士事務所にとって最も重要な業務となったのは二〇世紀に入ってからのことであった (Brown, 1905, pp. 317-318)。アーネスト・クーパーは一九二一年に次のように述べている (Cooper, 1921, pp. 41, 43, 44)。

(クーパーが仕事をはじめた) 一八六四年には……会計士というものは破産関係

の仕事を手掛け、また、これに依存していると看做されていました。私ははっきりと憶えていますが、人々は会計士と話しているところや彼がオフィスに入ってくるところを他人にみられないようにしていました。一八六六年の非常時には特にそうでした。……今日、大方の大規模な企業および多くの小規模な企業は会社となるにいたっています。人々は自らの資本を用いる代わりにこれを取締役に委ね、また、自ら計算書類を調査する代わりに監査人を雇傭しています。しかし、六〇年代にあってプロフェッショナル監査人は希な存在でした。会計士による監査がおこなわれていたのは鉄道や銀行などの比較的少数の大規模な企業でした。

〈アーンスト&ウィニィ〉のイギリスにおける主な前身である〈ウィニィ・スミス&ウィニィ〉の営業収入の内訳を示す表三は一九世紀のイギリスのプロフェッショナル会計士の業務の多様性および変化を数値によって明示している。

残念ながら、ほかの事務所についてはこれと同様の情報を入手しえず、また、けだし、〈ウィニィ・スミス&ウィニィ〉は、他の事務所に比して、より多く破産関係の仕事を手掛けていた。さはさりながら、この表の数値はプロフェッショナル会計士が手掛けていた仕事の範囲を明確に示している。

表三　1849年より1930年までの〈ウィニィ・スミス&ウィニィ〉[a)]の営業収入の内訳†

	破産関係業務(%)	会計業務(%)	監査業務(%)	受託者ないし遺言執行者としての業務(%)	その他(%)	税務業務(%)
1849年	75	8	—	12	5	—
1860年	86	8	2	4	1	—
1870年	94	2	2	2	—	—
1880年	72	11	11	4	2	—
1890年	46	10	37	4	3	—
1900年	20	17	53	6	5	—
1910年	53	4	35	3	4	1
1920年	45	10	38	1	4	2
1930年	6	11	67	3	6	6

† Jones, E., *Accountancy and the British Economy 1840-1980* (1981) pp. 47, 98.

a) この事務所はこの間，数度，改称している。

本節においてはふたつのことを知ることができた。第一に、会計プロフェッションは信認関係にもとづいて提供される広汎な財務サーヴィスに依拠して成立をみた。第二に、経済環境および規制環境が変化をみてゆくなか、会計士事務所は新たな情況に旨く適応することができた。

監査業務、客観性と独立性と

監査人の客観性および独立性にかんする議論が初めて（一八四九年という早くに）おこなわれたのは上院の特別委員会においてであった（鉄道の計算書類の監査にかんするこの委員会の第三報告書の抜粋はEdwards, 1980, Vol. 1, pp. 188-242)。一八四五年の会社約款統一法によって株主による監査が要求されていたなか、グレイト・ウェスタン鉄道の会長チャールズ・ラッセルは、この委員会において、この鉄道の二名の監査人はロンドンの商人とリヴァプールの商人とであって、両名とも「いかなる点においても経営に関与する」ことはなく、また、「両名とも当鉄道に極めて多額の所有権（すなわち株式）を有している」と説明している（問い一九一八)。この監査人のうちの一名はのちにこの会社の取締役に就任しているが、いかなる場合にあっても監査人は「経営とはまったく無関係」であるべきとすることを必要とかんがえるかどうか、を問われた彼は次のように答えている（問い一九二〇)。

確かにそうかんがえます。しかしながら、監査人は経営者と不仲であることをもって選任されるべきとするのはすこぶる賢明ではない、とおもいます。すこぶる有害にして不都合な争いの生ずる虞があるからです。所有権を有する者のなかから選ばれた監査人の長所のひとつは、彼は、そうするのが適当とおもう場合には、あらゆる費用の適正性について合理的な調査をおこなう、という点です。政府によって任命された監査人には単に技術的な監査、すなわち費用の適法性などにかんする監査しかできないかもしれません。株主によって選任された監査人の監査はこれより遥かに包括的なものです。したがって、この監査は官選監査人がおこないうる監査より遥かに有効とかんがえます。当方の監査人の監査報告書には特別の事項にかんする助言書や提案書が添附されていることもあります。

しかし、次の質問は、監査人が該会社の大株主である場合、彼は自らの受け取る配当の額および自らの所有株式の価値に極めて大きな関心をもつのではないか？　というものであった。ラッセルは次のように答えている（問い一九二一）。

彼は、自らが大きな所有権を有する場合には、その企業の永続的な繁栄により大きな関心をもちます。彼は、もし半年分の配当の増額のために自らの所有権の永続的な価値を犠牲にしようとするほど愚かであれば、そうするかもしれません。しかし、それは極めて近視眼的なゆき方です。すなわち、取締役であれ監査人であれ、会社の事業に携わる者においては性格および辛抱強い関心が重要ということです。

しかし、さらに、大株主にして不誠実な監査人が株式の売却を望み、能うだけ多くを資本勘定に記載することによって自らを利する虞はないのか？　と問われ、ラッセルは次のように答えている（問い一九二三）。

しかし、彼の権威は絶対的なものではないことを忘れてはなりません。同様の利害関係、より長期的な利害関係をもつ多くの人々がいます。そうした人々は彼が自分たちを犠牲にして彼を利することを宥さないでしょう。

その後の或る質問にたいする答えにおいてラッセルは次のように述べている（問い一九八四）。「現在の監査は株主と株主との間に位置しています。これは公共団体が自身の業務についておこなう注意深い調査のようなものにしか過ぎません」。

誰もがラッセルに同意したわけではない。経済学者ダイアニィシアス・ラードナーは、いささか大雑把に過ぎようが、この件について次のように概説している（Lardner, 1850, p. 427）。

周知のように、半年毎の報告書の提出にさいしては株主総会によって任命された監査人が貸借対照表を調査しているが、こうした問題について専門的な知識を有する公共会計士および知名の鉄道の取締役などからなる上院の証人は異口同音に、この監査システムは有効ではない、と断言した。

また、政府の監査人W・アンドゥと公共会計士ウィリアム・クィルターともこの委員会において証人を務めている。アンドゥとの問答は次のとおりであった。

問い二一九三　ロンドンには重要なプロフェッショナル階級を形成する諸氏がいるとおもいますが、彼らは今日においては会計士と称され、大規模な破産事件、事業の清算、ないし大規模な商業企業間の紛争において雇傭されていますね？

答え　はい、そのとおりです。

問い二一九四　彼らは品位が高く、尊敬すべき人々ですか？　彼らは大いに信頼されていますか？

答え　はい、そうおもいます。私は彼らをひとりも知りませんが、彼らは計算書類に通じた人々と評され、計算書類にかんする知識と計算書類を調査するさいの誠実さとをもって選ばれています。

この委員会において証人を務めたそうした人物のひとりがウィリアム・クィルターであった。クィルターが《会計士協会》の初代会長に就任したのはおよそ二〇年後のことであった。『アカウンタント』（一八八八年）に掲載された彼の死亡記事は一九世紀の早期の一流会計士が手掛けた仕事を知るのに有用である。

一八四八年および一八五七年の恐慌においては破綻を余儀なくされた大規模な商業企業の多くの帳簿がクィルター氏によって調査され、また、イースタン・カウンティーズ鉄道、サウス-イースタン鉄道、およびイースト・ユニオン鉄道の計算書類の調査、ウィードンの政府の倉庫の調査、有限責任会社への転換を望む個人企業の財務状態についての商務省への秘密の報告、ならびにユニオン銀行の不正事件にかかわる調査などといった多数の内密にして複雑な調査が彼と彼の事務所とによっておこなわれた。

この死亡記事はクィルターの人格にかんする記述および公共会計士にかんする『アカウンタント』の理想像を示すことをもって終わっている。

クィルター氏は果断にして気骨のある人物であった。彼が賢明にして洞察力に勝れ、また、独立心をもった人物であることは彼と接触をもったすべての人に判然としていた。彼が完全に是認し、また、正確なものと信ずることなく署名した報告書ないし証明書はひとつとしてなかった。周知のように、彼は厳格にして不動の良心によって仕事を失ったことが再々あった。高潔にして正直、また、同業者にたいする職業上の嫉妬心をおよそもたなかった彼は正に公共会計士の模範であった。

一八四九年の特別委員会において、現在の鉄道会社の計算書類の監査の有り様は公衆の保護に役立っているとかんがえるかどうか、を問われたクィルターは次のように答えている（問い二二三七）。

私の意見ではおよそ役立っていません。その大きな理由としてはすべての会社が株主であることをもって監査人の資格要件としていることが挙げられます。私の意見では株主に非ざることをもって資格要件とすべきです。すなわち、彼は計算書類の上辺を繕うことに関心のない独立的な人物でなければなりません。

その後の或る質問にたいする答えにおいて彼は、「仕事の性格およびそのために身に着けた調べる習慣からして、プロフェッショナル会計士」こそが監査人に最適任、と主張している（問い二二八八）。

この委員会はまた、彼の仕事の仕方および独立性の必要性について一連の質問をおこなっている。

問い二二一八　計算書類については単に記帳と証憑との照合のみに意を用いるのですか？　それとも、収支にかんする事実のみならず、各取り引きの適正性および健全性にも注意するのですか？

答え　証憑を調べるのみならず、取り引き自体の蓋然性をも重視しなければなりません。すなわち、例えば請求書の場合であれば、適正な価格によるものであるかどうかを吟味しなければなりません。
問い二二一九　支払いの場合であれば、それが充分に正当と認められるものであるかどうかですか？
答え　はい、そうです。それがおこなわれたかどうかということのみならず、それがおこなわれるべくしておこなわれたかどうかということもです。
問い二二二〇　そうした役割を果たすための仕事は、単なる無味乾燥な算術的なものではなくして、高度の判断力を必要とするということですか？
答え　いかなる監査も、そうしたゆき方をもっておこなわれないかぎり、事務員にもできるようなおよそ価値のないものとなるでしょうし、むしろ有害であるかもしれません。実際には何もおこなわれていないにもかかわらず、監査がおこなわれているようにおもわれてしまうからです。
問い二二二一　双方の当事者に頼まれた場合にも、いずれかの当事者に偏した責務には囚われることなく、独立性をもって任に就くかどうか、これを貴方に問うことはほとんど無用ですか？
答え　いずれの側にも好意を示したり肩入れしたりすることのない独立の存在であることを自覚していなければ、この任に就くのは不適当です。

問い二二二二　大規模な商業の計算書類を調査する場合、計算書類はその企業のオフィスにおいて作成されたままの状態で、また、それを貴方に提出する人自身のために貴方に提出されるとかんがえますか？

答え　はい。

問い二二二三　大規模な企業においては通常、企業が自らの諸取り引きを検査すべく設けた内部牽制システムのようなものがあるのですか？

答え　あるべきです。

問い二二二四　そうしたシステムが設けられている場合、会計主任ないし出納責任者など、職名はどうあれ、計算書類の全般的な監督を担う者が諸取り引きの健全性に全般的な保証を与えているとしたら、これまで述べてきたようなゆき方にて監査をおこなうことを頼まれた貴方は、当事者自身による内部監査がおこなわれていることをもって、当然にすべてが正確にして正当とかんがえることができますか？

答え　およそそうしたことはできません。

この特別委員会は第三報告書の第七節を「改善された独立の監査」の必要性にかんする議論に充てている。この節は独立性の必要にかんする力強い声明をもってはじまっている。

いかなる監査も有効にして公共の信頼を得たものであるためには、能うかぎり、いかなる偏頗な影響ないし不正な動機からも解放されていなければならない。監査は監査のために提出される計算書類の持ち主から独立していなければならない。

独立の監査人でありうる者はプロフェッショナル監査人ないし政府の監査人であった。この委員会は会社によって任命される二名の株主監査人とともに監査をおこなう監査人一名の任命権を鉄道委員会（政府機関）に与えた。そうした公監査人は誠実性、知識、および経験をもって選ばれるべきであった。

この特別委員会の勧告はこれが直ちに立法をもたらしたわけではなかった。そのかみのレッセ-フェールの政府は、鉄道のような、民有ではあるが多くの特権を与えられた企業については監査を強制すべきとかんがえた（銀行については一八七九年、メイカーについては一九〇〇年にいたるまでそうではなかった）が、プロフェッショナル監査人ないし政府の監査人による監査を求めたわけではなかった。この委員会の勧告はさらなる危機が鉄道規制法をもたらし、株主であることという監査人の資格要件が廃された一八六八年まで無視されていた。

規制がなかったにもかかわらず、ウォーシングトンはこの世紀の末葉に「いまや商業界においては定期的な監査が広汎におこなわれている」と述べることができた（Worthington, 1895, p. 62）。何ゆえに会社は、要求されていなかったにもかかわらず、監査をおこなったのか？　ひとつの事訳はウォーシングトン自身が示している。たったいま引いた件《くだり》は次のようにつづいている（Worthington, 1895, pp. 62-63）。「附言すれば、不正および横領にたいする賢明な予防措置を採りそこねた商人ないし実質的な商人は在庫品に火災保険を掛けない場合のリスクと同程度の大きなリスクをいつも冒していることになる」。

一八八一年および一八九二年に漸う刊行されたプロフェッショナル監査にかんする最初のテキスト（Pixley, 1881 および Dicksee, 1892。後者はこの科目について「書物にするにはすこぶる新しい」と述べている（p. 155））もまた、謬りの発見および不正の予防を強調している。例えば、一九五〇年代にいたるまでスタンダード・テキストの地位を維持し、また、『モントゴメリィの監査論』の初版がこれに依拠したディクシーのテキストの初版は監査の目的として次の三事項を挙げている（p. 6）。

（一）不正の発見
（二）技術的な謬りの発見

(三) 原則上の謬りの発見

当時、数多くの不正が耳目を惹いていたことに鑑みれば、こうした不正の強調は驚くべきことではない。例えば一九〇八年、勅許会計士志望者の団体におけるペグラーの講演はミルウォール・ドック社、リヴァプール銀行、およびロンドン・アンド・グロウブ・ファイナンス社における有名な事件について論じている (Pegler, 1909)。

自発的な監査の普及、とりわけ上場会社におけるこれについてのいまひとつの説明は「代理《エイジェンシィ》関係」という概念を用いる。この関係は或る者（本人）が他の者（代理人）に意思決定を含む或る行為を委ねる契約関係である。代理人（例えば会社の取締役）はつねに本人（例えば株主）の利益を最大にすべく行動するわけではないため、大きな代理代価が生ずるかもしれない。取締役は、法の要求がなくとも、出資を維持すべく株主たちに財務諸表を提供する可能性が高い。しかしながら、株主ないし独立の外部者による監査を受けないかぎり、そうした諸表は信頼性に欠ける (Watts, 1977)。

こうした見解は、おそらくは一八九〇年代の判例を出処とする監査の目的観の変化によって裏づけられる。例えばロンドン・アンド・ジェネラル銀行事件（一八九五年）においてリンドリィ判事は、監査人の仕事は「監査時における会社の真実の財務状態を確かめ、述べることであって、彼の義務はこれに局限される」と述べ、また、キングストン・コットン・ミル社事件（一八九六年）においてロペス判事は「監査人には探偵である義務はなく、また、これまでいわれてきたような疑いの念ないし何か不正があるに相違ないという予断をもって仕事に取り掛かる義務もない。彼は番犬であって警察犬ではない。……およそ疑念を生じさせるものがなく、また、不正が会社の信任を得た従業員によって犯され、何年間にも亙って取締役に気づかれなかったような場合、監査人は巧妙にして入念に計画された不正を発見しえなかったことについて責を問われるべきではない」と述べている。一九〇〇年会社法は、監査人にたいして、監査報告書に言及された貸借対照表が、会社の帳簿に示されるとおり、会社の業務状態にかんする真実かつ正確な概観を表示すべく適切に作成されているかどうかについての意見表明を要求した。

独立の外部監査人、すなわちプロフェッショナル監査人は、破産の場合（これについては一八八三年にイングランドおよびウェイルズにおいて官選収益管理人の制度が設けられた）とは異なり、政府が自らの監査人を任命しようとはしなかった情況において発展をみていった。プロフェッショナル監査人が株主監査人、すなわちアマチュア監査人に取って代わった事訳はふたつあった。ひとつは独立性がより高かったこと、いまひとつは能力に勝れていたことであった。とりわけ独立性はこれこそが重要であって、会社の監査人としての勅許会計士、を主題とする一八八六年のアーネスト・クーパーの講演もこれを強調している（この講演録はChatfield, 1978に収められている）。クーパーは「監査人の第一の資格要件は彼がその行為および計算書類を調査しなければならない経営機関から独立していることです」と述べている。しかし、いかにしてこれを確保するのか？　クーパーは次のように述べている。

まずもって明らかなのは、会社の取締役および従業員はおよそ監査人の任命に与るべきではない、ということです。しかし、総体としての株主たちは何かを提案するには適していません。彼らが総体としてなしうるのは提案されたことにたいする意見を投票をもって表明することのみです。監査人のような重要な職の任命は無論、無責任な株主のたままの提案にもとづくべきではありません。満足のゆくような任命をなすためには提案されるべき人物の銓衡を担う委員会を設けるか、あるいは会社のその他の重要な事柄の場合と一般、提案を取締役会に委ねるかしなければなりません。実際には通常、こうしたゆき方が採られています。しかし、満足のゆくような任命はこれが困難であるがゆえにこそ、独立性というものの重要性が強調されるのです。

その後、彼は、「彼らのプロフェッショナルとしての評判は彼らが監査人としての義務を有効に果たすかどうかに懸かっている」ため、勅許会計士たちは独立性について特別扱いをすることができる、と主張している。監査人は株主であるべきかどうかについては詳しく論じていない彼はしかし、この議論においては監査人が会社のいかなる利害関係にも囚われていないことが重要とおもわれる、としている。

ほかの会計士たちはこの問題、とりわけ、株主と外部のプロフェッショナルとのいずれが監査人として好ましいのか、という点により関心を抱いていた。（鉄道および公益事業を対象とする）一八四五年会社約款統一法は、別段の定めのないかぎり、監査人は少なくも一株を有することを要する、としていたが、この条項は、鉄道にかんしては、これを一八六八年鉄道規制法が廃していた。その他の会社についてはいかなる規則も設けられていなかったが、けだし、多くの会社は一八六二年会社法に附された「A表」の「監査人は株主であってもよいが、該会社の業務と株主として有する利害関係以外の利害関係を有する者ならびに該会社の取締役および上級職員は監査人を務めることができない」とする任意規定を用いていた。

一八七九年会社法は同法の発効後、有限責任会社として登記される銀行会社に監査を強制していたが、監査人の資格要件については無言であった。独立性の問題と能力のそれとは併せ論じられることが多かった。ピクスリィの一八八三年の論攷は「アマチュア監査人」を酷評している（Pixley, 1897, pp. 42-44）。

近年まで株式会社の計算書類の監査人は該企業の株式を所有していることがその唯一の資格要件であった。通常は取締役たちの友人のなかから選ばれ、一株以上を購入することを任命の条件として取締役たちによって推薦されていた。このように取締役会によって選ばれた監査人はほぼ確実に任命されていた。株主たちが労を惜しまず彼の適格性を問うことはほとんどなく、彼の義務は単に名目的なものと看做されていた。

しかしながら、取締役と株主とは両者とも突如として厭なことに気づいた。およそ財務状態が疑わしくなかった会社が破綻し、商業界、さらには社会一般に衝撃を与え、調査の結果、定期的に提示され、多額の配当を正当化していた収益勘定ならびに債務の返済に充てて余りある資産および積立金を示していた貸借対照表にはおよそ正しい根拠がなく、これらは単に株主および公衆によくみせるために作成されていたことが明らかとなった。これらの計算書類が監査を受けていたことは事実であったが、この任の資格要件がほかのすべての株主が具えていること以外にない監査人を誰が非難することができようか。ほかの株主もその大方が闕員が生じた場合には任命を受けることを厭わなかったであろう。

ピクスリィは株主監査人の問題点をふたつ挙げている。

第一に、プロフェッショナル会計士がたまたま株主であるか、あるいはまた、資格を得るためにわざわざ一株以上を購入しないかぎり、株主たちはまったくのアマチュアをもって任命せざるをえなくなる。第二に、最高度の不偏性が要求される職においてはおよそ利害関係のない人物が任命されるべきとすることには異論がないであろう。監査人が株主として会社に利害関係をもつ場合、彼が仲間の代表としての自身の義務とかんがえることを果たすことが彼の個人的な不利益に繋がることがしばしばありうる。例えば計算書類が都合好過ぎるとかんがえた彼がただし、大株主であった場合、彼はこの計算書類に異議を唱え、自身の見解にしたがってこれを改変させるべきところが、自身の所有権の価値を大いに高めるため、あるいは少なくも低めないため、都合好過ぎる収益勘定および貸借対照表をおよそ批判することなく承認したい誘惑に駆られることを自ら知っている。

ディクシーもまた、アマチュア監査人にたいする嫌悪感を露にし、その独立性の欠如よりも無能さを強調している (Dicksee, 1892, pp. 141-142)。

アマチュア監査人たちは著者が好意ないし敬意を示そうとはおもわない類いの人々である。彼らの欠点、そしてまた、彼らの憤慨に堪えない無能さに起因する筆舌に尽くしがたい困窮および災難を余りに多く目にしてきた著者はしたがって、彼らの過ちを穏便に扱うことはできない。監査はすこぶる重大な事柄ゆえ、いい加減な扱いをすることはできない。無能な監査人によってもたらされる害悪は資格のない開業医によってもたらされる害悪と較べて重大さにおいて劣ることなく、また、遙かに広汎である。後者は、手広く仕事をしている場合、生涯に一〇〇人かそこらの患者に害をなすであろうが、前者は、ひとつの企業のことに専心しているにもかかわらず、遙かに短日月のうちに何万人もの人々を容易く破滅させることができる。

これを大袈裟な話とかんがえ、有能にして誠実なアマチュア監査人も多くいると述べる向きもあるであろう。信頼を裏切ったとされるアマチュア監査人はすべての利害関係者の満足がゆくように自身の役割をおこなっているアマチュア監査人よりも遙かに少ないという事実に異を唱えるつもりはない。しかしながら、この「すべての利害関係者の満足」はさほど大したものではないともいえよう。ポートシー・アイランド住宅金融組合、カーディフ貯蓄銀行、ロック投資信託、およびその他の多くの破綻した企業の監査人たちはおそらくは破綻が生じたそのときまで「すべての利害関係者の（とりわけ犯罪者たちの）満足がゆくように」自身の役割をおこなっていた。破綻は横領者が金蔓に過重な負担を強いるまでは生じず、また、生じた破綻はこれをアマチュア監査人がもたらしたわけではないということは注目に値する。事実、横領者が愚かにも金の卵を産む鵞鳥を殺すまで、アマチュア監査人は「すべての利害関係者の満足がゆくように自身の役割をおこないつづける」のである。このことはしかし、その監査人が巧く、あるいは誠実に自身の役割をおこなっていることを意味するのであろうか？　そうではない。

　また、アマチュア監査人はプロフェッショナル監査人よりも頻々と破綻と関係をもっているということが（明白な統計値によって）示されているということは事実ではないのであろうか？　プロフェッショナル監査人においては自らが不正を発見した場合にこれと関係をもつこととなるが、他方、アマチュア監査人においてはそうしたことなくして破綻がやってくるということがほとんどの場合の実情ではないのであろうか?

ときにプロフェッショナル監査人は、とりわけ鉄道業界誌によって、監査対象企業の事業に通じていないことをもって批判されていた。この批判は株主監査人を選択する根拠となりうる。ディクシーは、プロフェッショナル監査人は、一般の企業についてのみならず、くさぐさの特殊な企業の特殊な経営方法についても充分な知識を有している必要があることの強調をもって、この批判に間接的に応じている (Dicksee, 1892, pp. 144-145)。

さらに、アマチュア監査人は必要な専門的能力を欠いていることが明らかとなった。ピクスリィの一八八七年の論攷は「この種の監査の結果について裁判所にて発覚したことが財界を大いに喫驚させたため、アマチュア監査人は急速に廃れつつある」と満足げに述べている (Pixley, 1897, p. 67)。ピクスリィの念頭にあったのが当時のリーズ・エステイト・アンド・インヴェストメント社対シェパードの訴訟事件であったことは明らかである。この事件においては銀行の事務員であった監査人が監査対象の貸借対照表が該社の通常定款に遵って作成されたものであることの保証を怠るという過失を犯していたことが明らかとなった。

自発的なプロフェッショナル監査が弘まってゆくなか、しかし、ピクスリィのような会計士はプロフェッショナル監査が法によって要求されることは公共の利益（そしてまた、無論、会計士の利益）であると主張した。ピクスリィは住宅金融組合の監査にかんする講演を次のように締め括っている（Pixley, 1897, p. 128）。「我々の義務は何であるかをいま少し法に示させましょう。我々を独立させましょう。そして、我々はその義務を果たすのです。さらにいえば、その義務を果たしうるのは我々のみなのです」。

ピクスリィとディクシーとはいずれも監査の法的な枠組みを強調した。ディクシーのテキストの初版は二九〇頁のうちの一三一頁が法（一八六二年会社法および一八七九年会社法、一八四五年会社約款統一法、一八七〇年生命保険会社法、一八四七年瓦斯製造所約款法および一八七一年瓦斯製造所約款法、一八七一年主都水道法、一八六八年鉄道規制法、一八八二年地方自治体法、一八七四年住宅金融組合法、一八七五年共済組合法、ならびに一八八八年地方自治体法）と可分利益および監査人の責任にかんする判例の報告書とからの抜萃に費やされている。

立法者はプロフェッショナル監査強制の必要性を徐々にのみ認めていった。一八六二年会社法は監査を奨めはしたが、要求はせず、これにかかわる条項は同法の本文にではなくしてA表（すなわち、強制的ではない模範通常定款）に収められていた。実のところ、監査強制規定は一八四四年に導入されたものの、一八五六年に廃されていた。既述のように、鉄道については一八四五年以降、監査が要求されていた。一八七八年にシティ・オヴ・グラスゴウ銀行が悲惨な崩潰をみた結果、一八七九年以降、有限責任制をともなう法人となる銀行についても監査が要求されることとなった。会社法の改正にかんするデイヴィ委員会はすべての会社に監査を強制することを選択し、一九〇〇年にこれが法となった。しかしながら、これらの諸法のいずれにも、監査人は会計士のプロフェッショナル団体のメンバーでなければならない、とする規定はなかった。

監査は一九世紀の末葉以降、イギリスの大規模な会計士事務所の大方において営業収入の主要な源でありつづけ、また、プロフェッショナル業務の核分野として認識されている。こうした情況はこれを規制がもたらしたわけではなく（イギリスの会計士たちはプロフェッショナル監査を強制する規制に決して反対することがなかったが）、会計士事務所自らが実業界および政府をして自身がほかの何者にもない必須の独立性および能力を具えていることを知らしめたことによっている。

漸う法が公開会社に勅許会計士、法人会計士、ないし認可会計士による監査を要求するにいたったのは一九四八年会社法においてであった。実際にはすでに永年に亙っておこなわれてきていたことの反映にしか過ぎなかったこの法の改変はしかしながら、ほとんど無意味なことであったし、また、同法による監査人の交代はこれがひとつあったことさえ疑わしい（House, 1956, p. 45)。

税務業務

第一次世界大戦はこれまで徐々に発展をみてきていたほかのふたつの会計サーヴィス、すなわち税にかんする助言および原価計算を舞台の前面に立たせた。すでに監査に取って代わられていた破産関係の仕事は相対的な重要性においてさらに後退をみていた。一九〇五年にブラウンは将来について次のように述べている（Brown, 1905, pp. 339-340)。

> 株式会社形体の企業は決してなくなることがなく、破産はつねに我々とともにある。しかし、会計士のサーヴィスが有効に利用されうるとおもわれる他の方面もある。例えば、何ゆえに会計士の助力は労資間などの紛争の解決により頻々と用いられないのであろうか？　何ゆえに所得申告書にかんして生じた問題の処理を会計士に委せないのであろうか？

実は勅許会計士のものした所得税の実務にかんする最初のスタンダード・テキストは一八九五年に刊行され、ブラウンが右記のように述べたときには四版にいたっていた(Murray and Carter, 1895, 1905)。一八九四年には遺産税、すなわち死亡による富の移転にたいする税が導入され、「会計士にかなりの利益をもたらした」(Stacey, 1954, p. 80)。

今日のイギリスにあって会計士の一般的なイメージは一八六六年におけるような破産管財人ないし清算人というそれでもなく、また、監査人というそれでもなく、税の専門家というイメージである。誤解をもたらしかねないこのイメージはとはいえ、この分野における会計士の能力が定評を得ていることを示す素晴らしい頌辞である。

何ゆえにイギリスにあって税にかんする仕事はこれを例えば弁護士ではなくして会計士が手掛けることとなったのであろうか? イギリスの会計士たちがこの手の仕事を手掛けることを欲した事訳は容易に推察しうる。新参のプロフェッションのメンバーであった彼らは古参のプロフェッションのもつ惰性(および不動産権譲渡関係の仕事の独占)を欠いていた。さらに、彼らは破産関係の仕事において充分な経験を積んでいた。税にかんする仕事は破産関係の仕事とほぼ一般、関聯する制定法および判例法にかんする詳細な知識と、法を個々の問題に適用し、結果を数値をもって示す能力とを必要としていた。弁護士たちは新たな仕事を求めるインセンティヴをさほどもたず、また、その大方は数量的思考能力を欠いていた。内国歳入庁は直ちに会計士を事務弁護士および法廷弁護士と一般、納税義務者の代理として認めるにいたった。たといこの仕事がほかのプロフェッショナルの仕事でもあると看做されていたとしても、監査の場合と一般、この仕事を会計士にもたらしたのが規制ではなくして独立性および能力であったことは明らかである。

原価計算業務

原価計算は比較的徐々に発展した。エミール・ガークとジョン・メインジャー・フェルズとによってものされたこの科目にかんする最初のスタンダード・テキストが漸う上木されたのは一八八七年のことであった。それまではこの手の書にたいする需要がなかったことの最も尤もな事訳は、産業革命における勝れた技術および一九世紀における市場の廓大によって少なくも工業は好調であったため、製造業者は原価計算の方法に意を用いる必要がほとんどなかった、ということである（Edwards, 1937, p. 283）。しかしながら、一八八〇年代までには、利益率が低下をみ、価格設定は競合性を増し、また、会社は資本集約性を高め、間接費が重要性を高めるにいたっていた。その結果が「原価計算ルネサンス」であった（Solomons, 1968, p. 17）。

このルネサンスにおける先導者は主要な会計士事務所ではなくして（ガークのような）エンジニアおよびフェルズのような人々であった。一八九七年の結婚証明書において「ビジネス・オーガナイザー」と自称していたフェルズがのちにその評議員および試験委員に名を列ねることとなる《法人会計士監査人協会》に漸う入会したのは一九〇二年のことであった。彼は一八九九年以降、ロンドンはシティにおいてコンサルティング会計士業を営み、また、鉄道料金の専門家とされていた（Kitchen and Parker, 1980, p. 36）。

会計プロフェッションの指導者たちは当初、原価計算を高く評価していなかった。『工場の計算書類』の初版にたいする『アカウンタント』掲載の書評は次のように述べている（*Accountant*, 5 May 1888, p. 278）。

> 本書が扱っているのは普通の帳簿ではなく、会計士の仕事とは関係のない賃金台帳や材料元帳などといったものである。

当時、公共会計士の大多数は主として銀行、保険会社、鉄道会社、水道会社、船渠会社、ないし鉱山会社をクライアントとし、監査の仕事においてさえも、メイカーと関係をもつことは滅多になかった。

原価計算の重要性は第一次世界大戦期にいたるまで一般に認められることはなく、また、原価計算の手法が酷く未発達であることが明らかとなったのはこの時期のことであった。戦後、既存の会計士団体が原価計算の専門的伎倆を身に着ける準備をおよそすることがなく、また、この分野にはほとんど関心をもっていないことに気づいた原価計算の実務家たちは別に《原価会計士工場会計士協会》（一九七二年に《原価会計士管理会計士協会》へと改称）を設立することを決した。

イギリスの会計士たちは通例、需要が生じた場合には躊躇うことなく新たなサーヴィスを提供してきている。何ゆえにこのさい、既存の団体は躊躇したのであろうか？ 最も尤もらしい事訳は社会的な理由、明け透けにいえば、俗物根性に求められよう。一九二二年の《原価会計士工場会計士協会》による法人化の勅許の申請（これが遂に認められたのは一九七五年のことであった）は勅許会計士および法人会計士がともにこれに異を唱え、《イングランド・アンド・ウェイルズ勅許会計士協会》の評議員会いわく、原価会計士および工場会計士は「プロフェッショナル業務に従事しているのではなくして商業において雇傭されているのである」（*Accountant*, 5 May 1923, p. 683をみよ）。すなわち、彼らは公共会計士業に従事していない者を仲間として認めることによってプロフェッショナルとしてのステイタスを失うことを惧れたのであった。のちに会計士事務所は原価計算システムについて独立の立場から助言を与えうることを理解し、いまやマネジメント・サーヴィスはイギリスの公共会計士業において確乎とした地位を有している。

規制と登録制度と

Regulation and Registration

William Welch Deloitte
1818–1898

登録制度

プロフェッションというものについてはその従事者が最低限の能力を有していることの保証が必要なことは明らかである。そのひとつのゆき方は登録制度、すなわち、従事者のリストを拵え置き、そのリストには能力があると認められた者のみが記載され、プロフェッショナル・サーヴィスはそのリストに記載された者によってのみ提供されるべき旨を国が法をもって定める、というゆき方である。イギリスにあってそうしたリストは次の五種類のプロフェッションにおいて設けられてきている（Carr-Saunders and Wilson, 1933, p. 306)。

（一）文字どおり生命にかかわるサーヴィスを提供するもの（医師、歯科医師、獣医師、薬剤師、看護婦、および助産婦）

（二）高度の信認関係にもとづいてサーヴィスを提供するもの（法廷弁護士、事務弁護士、および弁理士）

（三）安全に密接にかかわるサーヴィスを提供するもの（商船員および鉱山管理者）

（四）政府を雇傭者とするもの（公務員および公費助成学校の教員）

（五）自ら登録制度を欲したもの（建築家）

ここに会計士への言及はないが、（一）および（三）の範疇は会計プロフェッションがこれらに含まれないことは明らかであるし、また、イギリスの会計士は（今日の《財政公会計勅許協会》のメンバーを注目すべき例外として）その大方が中央政府ないし地方政府の被雇傭者ではない（Renshall, 1984, pp. 32-33）。（二）および（五）の範疇についてはどうであろうか？　カーサンダースおよびウィルスンは、完璧に説得的な主張とはいえないものの、評価人《サーヴェイヤー》（そして会計士）は、評価人（会計士）のサーヴィスはこれを誰もが必要とするわけではなく、また、特に直ぐに必要とされるわけではない、という点において弁護士と異なる、と主張している。この手のサーヴィスを必要とする人々はかなりの知識および経験を有し、また、熟考および選択の時間が充分にある人々であろう。登録制度にたいする会計士団体自身の態度はくさぐさの団体が対立的な利害関係を調整しえなかったことに大いに影響された。このことは一九三〇年に報告書を提出した会計士登録制度にかんする政府の委員会における諸団体の証人の証言から明らかである。この委員会は全会一致をもって「会計プロフェッションの従事者を法によって設けられた登録簿に氏名が記載されている者に限ることは望ましくない」との見解を示した。けだし、主たる障碍は会計士によって提供されるプロフェッショナル・サーヴィスの範囲を定めることの困難さであった(Stacey, 1954, pp. 83-90, 134-149)。

かくてイギリス政府はおよそ会計プロフェッションへの参入条件を規制しようとしたことがなく、この条件はこれを会計士団体が聢りと支配していた。しかしながら、ときに政府は特定の分野において登録制度を用い、「公監査人」、すなわち特定の種類の監査についてこれをおこなう能力があると看做される会計士のリストを設けた。この手のリストを設ける分かり易い方法は、認められた会計士団体のメンバーに限る、というゆき方である。しかしながら、このゆき方は認められた団体の決定の困難をもたらす。この困難は共済組合(すなわち、不測の事態において相互保険による組合員の自助を目的として結成される団体)および地方自治体の監査ならびに所得税法の歴史によって明示されている。

一八四九年の鉄道の監査にかんする特別委員会による、公監査人を用いるべき、との勧告はおよそ容れられることがなかったが、結局、この手のシステムは共済組合において設けられることとなった。一八二九年以降、求められてきていた共済組合の監査はしかし、永年に亙って組合員による非プロフェッショナル監査であった。一八七五年共済組合法、一八七六年勤労者共済組合法、および一八九六年共済組合法は公監査人を用いることを奨めはしたが、強制することはなかった。結局、公監査人の雇傭を強制したのは一九一三年勤労者共済組合（改正）法であった。公監査人のリストには勅許会計士および法人会計士が記載されていたものの、当初はこれらに局限されていたわけではなかった。しかしながら、一九二〇年より一九三三年にいたるまで、他の会計士団体のメンバーないし無資格会計士が任命されることはなかった。これは、共済組合の首席登記官の見解によれば、「経験の示すところによれば、アマチュア監査人ないし二流の会計士団体のメンバーによる仕事は満足のゆくものではないことが少なくなく、我々の提案の下、大蔵政務次官によって、公監査人は（イングランド、スコットランド、ないしアイルランドの）勅許会計士団体、あるいは《法人会計士監査人協会》のメンバーでなければならない、とする一九二〇年三月三〇日づけの規定が設けられた」ことによっていた。のちに《会計士ロンドン協会》および《社団法人会計士社》のメンバーもこのリストに記載されることが認められた（Stacey, 1954, pp. 39–42)。

地方政府においては三種類の監査、すなわち政府の有給被傭者による「地区監査」、アマチュア監査人による「選択監査」、および「プロフェッショナル監査」がおこなわれた。選択監査は一八三四年に初めて法的に認められ、また、議会は一八九〇年にアクリントン地方自治体法においてプロフェッショナル監査を認めた。会計士団体は選択監査の弱点に注目し、地方自治体は自らにアマチュア監査人の替わりに勅許会計士ないし法人会計士を任命する権利を与える議会の個別法を求めた。アクリントンは初めてそうした法を手に入れた地方自治体であった。一九三三年地方自治体（監査）法は、イングランドないしスコットランドの勅許団体、《法人会計士監査人協会》、《会計士ロンドン協会》、あるいは《社団法人会計士社》のメンバーでないかぎり、地方自治体のプロフェッショナル監査人に任命されることはできない、と規定した（Stacey, 1954, pp. 44–50）。

他方、会計士は所得税の専門家として確乎とした地位を有するにいたっていた。一九〇三年財政法はこのことを認め、「会計士」を法人格を有する会計士団体のメンバーに名を列ねる者と定義した。そうした団体のメンバーではない会計士は徴税当局に応対することができなかった。あいにくなことに、この定義は新たな会計士団体の続出を促しただけであった（Stacey, 1954, pp. 70–71）。

プロフェッショナリズム対公的規制

イギリスの会計プロフェッションの確立の礎となった債権者のためにする破産関係の仕事はイングランドおよびウェイルズにおけるその多くが一八八三年破産法および一八九〇

年会社（解散）法によって官吏の手に渡った。これに取って代わった株主のためにする監査は依然、その多くが官吏ではなくしてプロフェッショナルの手中にある。

そのかみの会計士および事務弁護士は次のような論拠をもってこの仕事を奪われることに激しく抵抗している（特に一八九二年二月二〇日づけの『アカウンタント』に所収の事務弁護士協会の特別委員会の報告書をみよ）。

（一）政府が私的な事柄の管理に干渉することは好ましくなく、そうした仕事は直接的な利害関係を有する者（例えば債権者）の管理下に置かれるほうがよい。

（二）政府が管理的な仕事を独占することは公益に反する。

（三）私的な仕事を手掛けながら自立していない官署は国庫の負担となり、しかも、これに見合った公益をもたらさない。

（四）大方による公的規制の増加の要求はおよそなく、規制廓大の提案は官署自らによるものである。

（五）官署は難しい問題については外部者に助力を求め、この場合の報酬はプロフェッショナルにたいするものも官吏にたいするものも債権者の負担をもって支払われるべきである。

（六）好ましくない贔屓がおこなわれる虞がある。
（七）官署には効率向上の動機がおよそなく、また、官の管理システムは設けられたら最後、不満足なものであってもこれを廃することは難しい。
（八）一八六二年会社法および一八八三年破産法によるシステムは旨く機能し、これを改変するしかるべき理由はおよそなかった。
（九）支払い不能者の財産は能うかぎり官の管理下に置かれることなく、破産法の埒外において私的な和議をもって扱われている。
（一〇）不正にかんする情報開示は財産の管理に公的規制をくわえないほうが効果的におこなわれる。
（一一）支払い不能者の財産の管理および債権者への分配は官吏よりもプロフェッショナルがおこなったほうが安く上がる。

『アカウンタント』はとりわけ最後の二点に注目の上、不正の発見という規律にかかわる目的と債権者のために債務者の財産から可及的多くを手に入れるという管理的な目的との間には葛藤があるため、このふたつの機能はそれぞれ別の者によって担われるべきとしている（*Accountant*, 22 April 1893, p. 362）。そのかみの同誌は官吏の仕事とプロフェッショナルのそれとのコストの比較にかんする議論にてもちきりであったが、この手の議論においてはよくみられることながら、数値は多様に解釈することができた。

公的規制対プロフェッショナリズムが或る程度は私利の衝突であったことはそのかみも認識されていた。一八九二年三月七日づけの『タイムズ』の社説はそれでもなお、事務弁護士協会の主張を自由を求める説得力のある声と評しているが、これはこの社説が公共の福祉のみを重視する不自然な態度をおよそ執っていなかったためであった。事務弁護士協会の委員会のさらなる報告書は一般的な主張として次のように悪しざまに述べている。「公の機関は設けられたら最後、つねに自らの立場を守ろうとし、また、財務その他の面において旨くゆかなくなった場合にはその領域を有利に廓大することをもって自らの存在を正当化しようとする。こうしたことはこれまで何度も繰り返されてきている。官署が失敗を自認することができないのは明らかであって、結局はそのシステムの存在に支えられた官吏の一団が解散させられることとなる」(*Accountant*, 15 April 1893, pp. 352, 353 をみよ)。

あらゆる抵抗にもかかわらず、破産関係の仕事はそのほとんどが政府の官吏の手に渡った。何ゆえに監査にはこうしたことが起こらなかったのであろうか? すなわち、何ゆえに議会は株主にかかわる事柄よりも債権者にかかわる事柄のほうに干渉することとしたのであろうか？　確かなことは分からないが、幾つかの理由がかんがえられる。

第一に、株主は、債権者とは異なり、すでに有限責任制によって保護されていた（有限責任制は負担を株主から債権者へと移すことに繋がる）。第二に、監査は継続企業においておこなわれるが、継続企業の所有者は自らを守るために官吏の助力が要るとはおもっていなかった。法は監査という選択肢を用意していたが、これを用いるかどうかは株主次第であった。債権者は不利な立場に置かれていた。

第三に、大方による政府の干渉の要求は単に危機が生ずる可能性がある場合（例えば監査の場合）よりもすでに危機が生じている場合（例えば支払い不能の場合）のほうが強い。最後に、債権者よりも株主のほうが財産を失う原因が自らの愚かさにあることが多い。株主は、所有者として、何が起こっているのかを知る権利および機会を債権者よりも遙かに多くもっている。

能力、誠実性、およびステイタス

Competence, Integrity and Status

Ernest Cooper
1848-1926

政府の規制および登録制度のないなか、会計プロフェッションは公益のためのみならず自らの利益のために自身の能力および誠実性を示さなければならず、したがって、とりわけ参入基準、教育訓練、および倫理に意を用いた。

教育訓練

プロフェッショナルとしての能力は、当時のイギリスの他のプロフェッションの場合と一般、長期に及ぶ年季奉公と試験とをもって試されていた。前者はイギリスにあってすこぶる古くからおこなわれていたが、競争的な試験は一八五〇年代にいたるまで当然のことではなかった。

一八八五年、ピクスリィの勅許会計士志望者にたいする講演は《イングランド・アンド・ウェイルズ勅許会計士協会》によって設けられたシステムについて述べている（Pixley, 1897）。その説明によれば、志望者には「司法プロフェッションの事務弁護士について夙に（事実、一七二九年より）設けられているものと同様の条件をもってする」年季奉公、すなわち同協会のメンバーの下において五年間（大学卒業者の場合は三年間とされていたが、大学卒業者は希であった。一八九一年にジョージ・O・メイがそうかんがえたように、年季奉公人となることと大学へゆくこととは択一的な関係にあると永年に亙って看做されていたからであった。Grady, 1962, p. 9をみよ)、「年季奉公」をおこなうことが求められていた。

事務弁護士の訓練プログラムを真似ることによって事務弁護士業との密接な関係が期待された。「通例、勅許会計士事務所にて扱われている事柄はそのすこぶる多くが事務弁護士を通じてもたらされています」(p. 3)とするピクスリィの講演はさらに、勅許会計士を(すこぶる高度の社会的プレスティージを有していた)法廷弁護士に準えている。すなわち、事務弁護士は法の専門家としての法廷弁護士に相談するのと一般、会計の専門家としての勅許会計士に相談する、ということであった。

年季奉公の目的は実際的な訓練にあった。理論的な知識はこれのみでは不充分と看做されていたからであった。試験は一般教養を試す予備試験(当時はラテン語が必須科目であった!)、中間試験、および最終試験のみっつがあった。これらの試験の科目は興味深い。中間試験は簿記および計算書類(パートナーシップおよび遺言執行者の計算書類を含む)、監査、ならびに清算人、破産管財人、および収益管理人の権利および義務についておこなわれていた。最終試験はこの三科目のほか、四科目もの法にかんする科目、すなわち破産にかんする法、株式会社にかんする法、商取り引きにかんする法、および仲裁判断の抗弁にかんする法についておこなわれていた。

会計プロフェッションはイギリスの他の多くのプロフェッションと一般、大学にはほとんど負うところがなく、その創始者もほとんどすべてが大学卒業者ではなかった。イングランドの大学界はこれを実用的な学科にはほとんど関心を示さないオクスフォード大学とケンブリッジ大学とが牛耳っていた。新しい大学はいま少し進取の気象を示し、バーミンガム大学およびロンドン大学にあっては一九〇〇年代の初頭にディクシーが非常勤の教授に任命されていたとはいえ、イングランドおよびウェイルズの大学における会計教育は一九七〇年代にいたるまでおよそ活潑な発展をみることがなかった。たまたま《イングランド・アンド・ウェイルズ勅許会計士協会》と同じ年（一八八〇年）に勅許を受けたマンチェスター大学にはしかし、一九六九年まで会計学の正教授が存在しなかった。スコットランドにあってこの関係はより近かったとはいえ、ここにおいてさえも会計学は永年に亙って非常勤者によって教授され、およそ研究発展の誘因はなかった。イギリスの会計士たちはしたがって、高度に実際的な人々の集合体として長短を有していた。彼らはクライアントの目下の実際的な要求には素早く対応した一方、理論的な知識を伸ばすことには暇取った（Johnson, 1972, p. 72）。

文献の発展

有能なプロフェッションは文献を必要とし、一八八〇年代以降、発展をみた専門的な文献のなかには学生のためのテキスト、実務家のための便覧、および会計士がおこなったことないしおこないたいことの正当性をクライアントに示すためのものがあった（ときにはひとつの文献がみっつの用途をもった）（Watts and Zimmerman, 1979を参照せよ）。

複式簿記のテキストは一六世紀の中葉以降、すこぶる多く上木されてきていた。例えば一八八二年、ガスリィの《勅許会計士マンチェスター会》における講演は一九世紀にものされた複式簿記のテキストのリストを示している（Kitchen and Parker, 1980, pp. 12–14）が、このリストの文献は、講演後の討論において、いまひとりの地元の指折りの会計士チャドウィックによって「会計にかんする三文書籍に過ぎない」とあしらわれている。

これらの書籍は一八八〇年代より前にあってすべて入手可能であったが、他方また、会計士は法律のテキストもよく利用していた。いまひとりのマンチェスターの会計士は次の文献を推薦している（Murray, 1881）。『ロブスンの破産論』、『ウィリアムズの遺言執行者論』、「グウィン、ハドスン、スリング、トレヴァー、および現在の会計検査官によってものされたものを含む検認、遺贈、および承継税にかんするくさぐさの書籍」、ならびにインウッドの利率表。しかし、会計および監査の文献はおよそない。

　こうしたギャップは次のような書籍によってかなり急速に埋められた。ピクスリィの『監査人』（一八八一年）、マテスンの『工場……の減価償却……』（一八八四年）、ガークおよびフェルズの『工場の計算書類』（一八八七年）、フィッシャーの『鉄道の計算書類と財務』（一八九一年）、ディクシーの『監査論』（一八九二年）および『上級会計学』（一九〇三年）、マレィおよびカーターの『所得税実務便覧』（一八九五年）、ライルの『会計の理論と実際』（一八九九年）、ならびにライルの編んだ『会計学事典』全八巻（一九〇三年～一九〇七年）。また、一九〇一年には専門的な問題にかんする五〇冊超の書からなる叢書アカウンタンツ・ライブラリィの刊行がはじまった。

　定期刊行物も発展をみ、一八七四年に創刊の『アカウンタント』に『インコーポレイティッド・アカウンタンツ・ジャーナル』（一八八九年。のちに『アカウンタンシィ』へと改称）、『ファイナンシャル・サーキュラー』（一八九六年。のちに『パブリック・ファイナンス・アンド・アカウンタンシィ』へと改称）、『アカウンタンツ・マガジン』（一八九七年）、『サーティファイド・アカウンタンツ・ジャーナル』（一九〇五年。のちに『サーティファイド・アカウンタント』へと改称）、および『コスト・アカウンタント』（一九二一年。のちに『マネジメント・アカウンティング』へと改称）が後続した。

監査人および可分利益にかんする判例法が発展をみたのもまた一八八〇年代のことであった（主要な判決の要約はCocke, 1946をみよ）。キングストン・コットン・ミル社事件（一八九六年）、リー対ヌシャテル・アスファルト社事件（一八八九年）、ロンドン・アンド・ジェネラル銀行事件（一八九五年）、およびヴァーナー対ジェネラル・アンド・コマーシャル投資信託事件（一八九四年）のような重要な訴訟の判決もこのプロフェッションの「文献」の一部となった。

著者たちは大抵、執筆にいたった理由を説明している。例えばピクスリィは自身の書を「議会のくさぐさの法の下にて登記されている公開会社の計算書類を定期的に監査する人々の必要」を満たし、「参考書として有用な」ものとしている（Pixley, 1881, pp. v, vi）。

試験制度が発展をみ、勢い会計士志望者用のテキストにたいする需要が増加した。ディクシーの『監査論』の初版の序文は二種類の読者層を想定し、この書が「会計士志望者にとって大きな価値を有するのみならず、このプロフェッションの従事者たちにとっても、日常的な業務において、また、殊に不案内の事業の計算書類に直面した場合において、かなりの有用性をもつものである」ことを期待している（Dicksee, 1892, p. viii）。くさぐさの監査を特別に考察する長い章が設けられていたのは彼らのためであった。『上級会計学』の初版の序文によれば、この書はもともと「主として勅許会計士団体の最終試験の受験予定者が過去数年間のこの試験において要求されてきている高度の知識を身に着けるのを手伝うべく執筆された」。また、ディクシーはバーミンガム大学、ロンドン大学、およびマンチェスター大学における会計教育にも言及している。

実のところ、ディクシーはテキストの著者として大成功を収め、また、すこぶる多作であったため、「会計の文献は彼が独り書いたと述べても過言ではない」といわれるほどであった (Kitchen and Parker, 1980, p. 59)。

会計の文献が監査人の行動の正当性をクライアントに示すために用いられていたことはマテスンの『工場の減価償却』の第二版におけるウィリアム・ジャクスン（《イングランド・アンド・ウェイルズ勅許会計士協会》の評議員）による序文に示されている。この序文は「監査人、とりわけ経営者の報酬が公表された利益額にまったくないし部分的にもとづいている株式会社ないしその他の企業に与っている監査人は、適切な減価償却額が利益額から扣除されることにたいしてはさまざまの抵抗がある、ということを知っている」と述べている。ジャクスンの序文によれば、マテスンの書は監査人にクライアントを納得させるための論拠を提供するものであった (Matheson, 1893, p. vii–viii)。

倫理と業務の範囲と

「会計士」とは何か？　会計士が提供すべき正当なサーヴィスは何か？　一八八〇年五月一一日に与えられた勅許状はこの問題にかんするイングランドの勅許会計士たちの見解を具体化している。第一九条はよっつの「基本規則」を設け、メンバーが事務弁護士、競売人、仲買い人、ないし不動産管理人の仕事に携わることを禁ずる効力をもっていた。勅許日現在、公共会計士業に従事していなかったメンバーは「公共会計士の仕事およびこれに附随する仕事ないしこれと矛楯しない仕事と評議員会が判断したもの以外の仕事」に携わることを禁じられた。D・ハウスの一九五六年の小冊子はこの最後の規則について次のように述べている（House, 1956, pp. 9, 10）。

（この規則の）目的は無論、メンバーが会計士業と結びつくもの以外の仕事に携わること、とりわけ会計士の仕事と不動産管理人および競売人などの仕事とを併せおこなうことを禁ずることであった。一八八〇年より前の『アカウンタント』によれば、好ましからざる兼業が多くみられ、新団体のメンバーにはこれを認めるべきではないとする強い意見が多くあったことは明らかである。……この団体の創立者たちが最初の規則を設け、また、殊にその対象を公共会計士業に従事しているメンバーに局限しないこととしたさいに実際、何をかんがえていたのかを知ることは興味深いであろう。彼らは競売およびこれに類似の仕事を本質的に不名誉な仕事と看做すか、当時のおこなわれ方をもって不名誉な仕事と看做したのであろうか？　あるいは公共会計士の仕事とこの手の仕事とを併せおこなうことは不都合な世評を結果し、専門的な仕事を手に入れる上にて好ましくないとかんがえたのであろうか？　あるいは彼らは単に会計士業を、あたかも主治医が地元の生地屋の所有者であることが期待されないように、専心を要し、ほかの仕事を雑ぜることが不適当な威厳のあるプロフェッションとして確立すべく努力していたのであろうか？　あるいはこれらがすべて交ざっていたのであろうか？

その後、このハウスの小冊子は会計士とほかのプロフェッショナルとを峻別することの難点に注目している（p. 45）。一八五〇年代に存在し、また、いまもって存在するこの難点は会計士は法による独占権を有していない（ただし、一九四八年以降は公開会社の監査について、また、一九六七年以降はすべての会社の監査についてそうではない）という点、単純な簿記および簡単な個人の所得申告のような会計士の仕事は少し勉強する気がある者にとっては特に難しいものではないという点、ならびに会計士の仕事の多くは会社、税、信託、破産等にかんする法とかかわりをもち、したがって、弁護士の仕事と重なり合うという点である。

この問題にたいするひとつのアプローチは、監査を公共会計士の主要なサーヴィスと看做し、提供可能な他のサーヴィスを監査との関係において評価する、というゆき方である。ピクスリィは一八八七年というすこぶる早期にこのアプローチを用いている。ピクスリィは、監査はこれが勅許会計士の仕事の大方を占める、と主張している。会計士のオフィスにおいては監査とは称されないいくさぐさの仕事がおこなわれているが、そうした仕事はしかし、監査の知識および伎倆を必要とし、したがって、監査の名をもっておこなわれるべきであるからである。彼は、あらゆる種類の計算書類の調査、会社の清算および破産にかかわる仕事の大方、遺言執行および信託にかんする計算書類にかかわる仕事、専門家証人としての証言、ならびに賠償訴訟における仕事、を例に挙げている（Pixley, 1897, pp. 66–67)。今日であれば、彼は所得税にかかわる仕事およびマネジメント・サーヴィスを追加し、また、「両者の相乗効果の強調のためにする監査業務とコンサルティング業務とのさらなる統合」およびくさぐさのサーヴィスを含めるためにする監査の定義の廓大に賛同するであろう（Burton, 1980, p. 55)。
《イングランド・アンド・ウェイルズ勅許会計士協会》のメンバーは基本規則に違背した場合、重罪ないし軽罪について有罪判決を受けたか、不正を犯したことが裁判所によって確認された場合、「当協会のメンバーないし被害を受けた者からの訴えにおいて、公共会計士として不面目な過ちを犯した、と評議員会によって判断され」た場合、破産宣告を受けた場合、「公共会計士の仕事に附随しないか、この仕事と矛盾する、と評議員会が判断した」仕事に携わった場合、あるいは会費を六箇月以上、滞納した場合、除名ないし資格停止に処されるものとされていた。

しかしながら、イギリスの会計プロフェッションの強みは、成文規則にではなくして、会計士が高潔性、誠実性、および独立性を有していることを巧く社会に示したことにあった。会計士たちはすこぶる速やかにそのように認められるにいたった。

出自

何ゆえに彼らはそうであったのかを説明する最もよい方法は、このプロフェッションを創始し、会計士となったくさぐさの人々を綿密に考察することかもしれない。一九世紀にあって会計士業はほとんど新参者であって、少なくもイングランドおよびウェイルズには「他のプロフェッションに従事することができるにもかかわらずこれに惹かれる者はほとんどいなかった」(Stacey, 1954, p. 50)。他のプロフェッションに従事することのできる人々は特権的な教育を受け、国教会に属する少数の人々であった。こうした情況下、イングランドの会計士業が非国教徒および移住したスコットランド人に多くを負ったということは驚くべきことではない。この両者はいずれも数学、初等科学、外国語、および簿記などの科目について実際的な教育を提供し、勤勉さ、慎重さ、高潔さ、および向上心といった美徳を身に着けさせる定評のある学校を有していた。非国教徒の倫理は誠実性、高潔性、および勤勉に働く意欲が重要な新しいプロフェッションによく適していた。会計士業に就く者はその多くが適度の財産を有する中産階級の親をもつ男子(一九世紀にあっては女子はおよそいなかった!)であった。会計士志望者は当初、初等教育(読み方、書き方、および算術)を受けていることとくらいしか要求されなかったが、イギリスの労働者階級はその大方がこの要求さえも適えることができなかった。

ジョウンズの書(一九八一年)は〈アーンスト&ウィニィ〉のイギリスにおける前身事務所の創設者の出自を調査している。ロバート・パーマー・ハーディング(一八二一年〜一八九三年)はまずはウェスト-エンドにて上流社会向けの帽子屋を営んでいたが、この商売はやがて旨くゆかなくなったとされている。フレデリック・ウィニィ（一八二九年～一八九四年）は酒類販売免許をもつ飲食店主の息子であったし、また、彼の片親の違う兄弟はメイフェアに貸し馬車屋を所有していた。ウィリアム・タークウォンド（一八一九年～一八九四年）はまずは父親の跡を継いで官選破産財産譲受人を務めていた。ジョン・ヤング（一八八八年歿）およびアレグザンダー・ヤング（一九〇七年歿）はスコットランドのマリィの農家の息子であった。チャールズ・ウェアがイングランド西部に設立した事務所はのちに〈アーンスト&ウィニィ〉に吸収されているが、彼はプリマス同胞教会の会員であった。

ほかの事務所においてはスコットランド人および非国教徒という要素がより強かった（Parker, 1980 および Jones, 1981, pp. 35-36）。ウィリアム・ピート卿（一八五二年～一九三六年）はヤング兄弟と一般、スコットランドの農家の息子であった。生計を立てるべくロンドンへ出た彼は《アバディーン会計士協会》の創立メンバーながらイングランドへ移っていたロバート・フレッチャー（一八一八年頃～一八八三年）に雇われることとなった。のちにピートのパートナーとなるマーウィックおよびミッチェルはアメリカへ移住したグラスゴウ出身の勅許会計士であった。四人のクーパー兄弟は奴隷制度の廃止に生涯の大部分を捧げたクウェイカー教徒の銀行家の息子であった。サミュエル・ロウェル・プライス（一八二一年～一八八七年）の兄弟はバプティスト教会の牧師の娘と結婚したブリストルの陶器製造業者であった。エドウィン・ウォーターハウス（一八四〇年～一九一七年）はクウェイカー教徒のリヴァプール商人の息子であった。ウィリアム・デロイト（一八一八年～一八九八年）は一七九〇年代にフランスから移住したローマ・カソリック教徒の孫であった。ジョージ・トゥシュ卿（一八六一年～一九三五年）はエディンバラの銀行家の息子であった。ジョージ・O・メイ（一八七五年～一九六一年）はデヴォンのエクセターの近くのテインマスという海辺の町出身の食料雑貨商の息子であった。

ピクスリィの論攷は勅許会計士の出自について少々弁解がましく、読者を安心させようとしている（Pixley, 1897, p. 128）。

> 勅許日以降、我々のメンバーの年季奉公人たちはウリッジおよびサンドハーストの陸軍士官学校ならびに法曹学院に学ぶ人々と同じ階級の出身者である。彼らは同様の学校において教育を受け……。

ディクシーの書は、監査人に望ましい特性には、「入念な学習」によって身に着けられるもののみならず、「暮らし方」をもって身に着けられるものもある、ということを強調している。理想的な監査人とは「鋭敏さ、慎重さ、堅実さ、公正さ、沈着さ、勇気、誠実さ、分別、勤勉さ、判断力、忍耐力、明晰な頭脳、および信頼性」を有する者のことである (Dicksee, 1892, p. 145)。

一九世紀のイギリスのこのプロフェッションのメンバーのなかにはこの高い理想に当て嵌まった者もあった。

ステイタス

プロフェッションのステイタスの指標には幾つかのものがあるが、例えばそのメンバーが関係のある委員会の委員ないし証人に選任される程度および、イギリスの場合、そのメンバーがナイト爵ないし貴族に列せられる程度を挙げることができる。既述のように、クィルターは一八四九年の特別委員会にて証人を務めているし、デイヴィッド・チャドウィック（一八二一年〜一八九五年）は下院議員を務め、また、一八六七年および一八七七年の会社法改正委員会にて証言している（彼は一八七七年の委員会においては委員でもあった）。その他、委員会にて証人を務めた者としてはウィリアム・タークウォンド、サミュエル・ロウェル・プライス、およびロバート・パーマー・ハーディングを挙げることができる。二〇世紀には会社法改正委員会に代表が出ることは会計プロフェッションにとって慣例となるにいたっていた。

授爵という公的にして社会的な顕彰は新たなプロフェッションのメンバーにたいしては遅々としたものであった。一八九〇年、首席官選収益管理人の退任時にナイト爵に叙せられたロバート・パーマー・ハーディング卿はしかし、首席官選収益管理人の任に就くために会計士業を廃めている。ウィリアム・ピート卿は一九一二年に公務をもってナイト爵に叙せられている。ハームッド・バナーは一九一三年にナイト爵に叙せられているが、これは会計士としての伎倆よりもリヴァプールの市長を務めたことによっていた。プレンダー卿はあらゆる種類の政府関係の仕事に広汎に携わり、一九一一年にナイト爵、一九二三年に準男爵に叙せられ、一九三一年には貴族に列せられている。

第一次世界大戦は多くの会計士に政府関係の仕事をもたらし、例えば海軍の会計官補を務めたアーサー・ウィニィ卿など、幾人かの会計士はこの仕事をもってナイト爵に叙せられている。その他、ナイト爵に叙せられた者としてはギルバート・ガーンジィ卿、一九一三年にアメリカからイングランドへ戻ったアーサー・ローズ・ディケンスン卿、ヒラリィ・ジェンキンスン卿、およびジョン・マン卿を挙げることができる。彼らは皆、この大戦期にイギリス最大のメイカーとなっていた軍需省と密接な関係にあった。

北アメリカへの進出

British Accountants in North America

Richard Brown
1856–1918

イギリスの会計士たちは初期より海外、とりわけ一九世紀の後半に急速な経済成長をみた北アメリカに仕事を見出した。イギリスのクライアントに代わってアメリカへ渡った彼らが現地にクライアントを獲得すべくオフィスを設けることは珍しくなかった。

その最初の例はけだし、一八八〇年の《イングランド・アンド・ウェイルズ勅許会計士協会》の勅許の申請書の署名者に名を列ねたマンチェスターの会計士エドウィン・グスリィ（一八四一年〜一九〇四年）であった。エニオンの書によれば、一八八三年にグスリィは「イングランドの破産した某金融機関の収益管理人を務めていたさい、該破産企業がここに所有する資産の価値および状態を調査すべく（アメリカへ）渡る必要があることに気がついた。ここに到着した彼はまずは彼の調査に手を貸すことができそうなよい会計士事務所を見つけようとかんがえた。彼がこうした方針をもって調べてみたところ、しかし、彼の国において理解され、おこなわれているような会計プロフェッションはこの国においては知られていないのみならず、彼の仕事に必要な助力を当てにすることのできる信頼しうる会計士事務所などといったものはおよそないことが分かった」（Anyon, 1925, pp. 9–10）。

すでに会計士団体はこれが僅か北方のモントリオール（一八八〇年）およびトロント（一八八三年）、また、遙か遠くオーストラリアにあっても、アデレイド（一八八五年）およびメルボルン（一八八六年）に設立をみていたこの頃にあって、何ゆえにこうした情況であったのであろうか？　その事訳のひとつが、カナダおよびオーストラリアはイギリス帝国の忠義なメンバーとしてイギリスの団体を真似るのが容易かった、ということであることは間違いない。エニオンの書からはイングランド人にたいする偏見的な国民感情を知ることができる。疑いもなく皮肉たっぷりなこの書によれば、イングランド人は「いささかおっとりとしていて愚かにみえ、高潔であることは認めるとしても、さほど有能とはいえなかった」(Anyon, 1925, p. 20)。

おそらくより重要なことは、アメリカにおいても、イギリスの場合と一般、漸う監査サーヴィスにたいする大きな需要が生ずるにいたったのは一八八〇年代に入ってからのことであった、ということである。イギリスのこのプロフェッションは破産関係業務をもってすでに確立をみていたが、アメリカにおいてはしかし、そうした機会が生ずることはなかった。アメリカの司法プロフェッションはこの手の仕事を新参者の手に委ねることをイギリスの司法プロフェッションよりも遙かに躊躇っていた。ニューヨークにおけるグスリィの弁護士たちはグスリィには会計士は必要がなく、彼の問題にかかわる事柄は、法にかんするものも会計にかんするものも、すべて彼らが処理する旨を彼に告げている(Anyon, 1925, p. 10)。エニオンの書によれば、弁護士たちは「会計は独立した異種のプロフェッションであるということ、すなわち、会計はビジネス界の事柄においてすこぶる特別の役割をもっているということを、控えめにさえも、最後まで認めようとはしなかった」(Anyon, 1925, p. 59)。

それにもかかわらず、会計プロフェッションはイギリスの会計士の助力を得て発展をみていった。ギャップを埋める必要を認識したグスリィはチャールズ・ディケンズの従兄弟ジョン・ワイリィ・バロウを現地駐在パートナーとする〈バロウ・ウェイド・グスリィ&Co.〉(ニューヨーク初のイギリスの会計士事務所)を設立、ただし、バロウは一八八五年に長逝している。一八八六年一二月、ニューヨークを訪れていたグスリィは、彼の事務所のオフィスにてもたれた公共会計士たちの会合において、アメリカの会計士も、イギリスの会計士と一般、組織を設けるべきながら、勅許会計士と称するべきではない旨を提案、この提案は熱狂的に容れられ、《公共会計士アメリカ協会》(《認可公共会計士アメリカ協会》の前身)が設立された(*Accountant*, 15 January 1887, p. 31 および Anyon, 1925, pp. 9–19)。グスリィの事務所は一八九〇年代にシカゴとサン-フランシスコとにオフィスを設けている(Kitchen and Parker, 1980, p. 10)。

初期においてアメリカに地歩を占めたその他のイギリスの事務所のなかにあっては、ふたりのイングランドの勅許会計士アーサー・ローズ・ディケンスン卿(彼は一九一三年にイングランドへ永住帰国した）およびジョージ・O・メイに率いられた〈プライス・ウォーターハウス&Co.〉が最も知名である（DeMond, 1951）。また、グラスゴウ大学の法学専攻の卒業者アーサー・ヤングもアメリカに会計士事務所を設立している。

アメリカのこのプロフェッションはイギリスのそれとの類似点と相違点とを併せもちながら発展をみていった。イギリスの場合と一般、この仕事に携わっている人々の団体は所在地域にもとづいて結成された。しかし、社会に認められるにいたる道程はイギリスの場合と異なっていた。イギリスにおいてはスコットランドおよびイングランドの団体が驚くべき速さをもって信望を確立した一方、登録制度の導入には幾度も失敗、その事訳は、くさぐさの会計士団体が合意に達しえなかった、ということのみならず、議会がこの制度の導入に乗り気ではなかった、ということであった（Carr-Saunders and Wilson, 1933, p. 306）。アメリカにあって州の当局は、一八九六年のニューヨークを嚆矢として、より素直であった。かくてイギリスにあって勅許会計士（およびその他の会計士）はそのすべてがプロフェッショナル団体のメンバーに名を列ね、また、通常は所属団体に忠義を尽くし、当該団体の規律に遵っているのにたいし、アメリカにおいて認可公共会計士はプロフェッショナル団体のメンバーであることを要しない。

アメリカのこのプロフェッションは一九〇四年には今日、最初の会計士国際会議と看做されているものをミズゥリはセントールーイスにて主催しうるまでに発展をみていた。その一年後、ブラウンの書はアメリカの会計士業について次のように述べている（Brown, 1905, pp. 278–279）。

> アメリカにおける会計士の仕事はイギリスにおける一般的情況とはかなり異なった情況下にておこなわれている。仕事の範囲は狭く、主として監査と調査とに局限されている。清算および信託財産の管理などといった類いの仕事は会計士にほとんどない。商業的な姿勢が顕著である。……また、アメリカの同業者からは会計の諸問題について多くを学ぶことができる。とりわけ原価計算システムの利用および簿記の方法の工夫によって巨大な企業の取り引きの結果が頻繁かつ迅速に示されていることは古風な教育を受けた会計士ないし簿記係を驚かせるであろう。

イギリスとアメリカとは密接な関係を保ち、いずれも他方の経験から多くを学んでいる。たとい大西洋を渡った会計士が「貸借対照表は上下も前後も逆さに示され……財務諸表は部分的に外国語のようなもので書かれている」ことを知って驚いたとしても（Carsberg, 1985, pp. 13–14）（［訳者註］正しくは（Carsberg and Eastergard, 1981, p. 10）。「文献」

の［訳者註］（一一七〜一一八頁）をみよ）。

要約と結論

今日、我々が知っている会計プロフェッションは一九世紀のイギリスの経済および社会の情況において発展をみた。大規模な企業の増加、これにともなう有限責任会社の発展、破産の頻発、および所得税の導入の結果、監査業務、破産関係業務、原価計算業務、および税務業務への需要が高まりをみた。この需要は会計にかんする伎倆および計算の才と関聯する法および事業の実際にかんする詳細な知識とを併せもった新たなプロフェッショナルたちによって満たされた。彼らは、政府の規制よりも、能力および独立性を明示することによって仕事を手に入れたが、しかし、破産、会社、および税にかかわる立法は彼らの擡頭にかなり力を貸した。

イギリスの会計士業の特徴のひとつは地域ないし特別の利益にもとづいて結成された許

多の競合するプロフェッショナル団体の存在である。まずはエディンバラおよびグラスゴウの勅許会計士であった。イギリスの会計士は当初から広汎なサーヴィスを提供し、また、初期にあって監査はおよそ最重要の仕事ではなかった。経済および規制の情況が変化をみたさい、会計士事務所は新たな情況に旨く適応しうることを示した。

監査の独立性の問題はこれが初めて議論されたのは一八四九年という早くに、幾つかの鉄道会社の破綻をもって設けられた上院の特別委員会においてであった。しかしながら、アマチュアの株主による監査よりも独立のプロフェッショナルによる監査のほうが好ましいということが認識されるまでにはかなりのときを要した。立法は実践に後れをとっていた。すなわち、銀行の監査は一八七九年まで、登記会社の監査は一九〇〇年まで強制されていなかった。

この世紀の末には、破産関係業務の減少にともない、監査が大方の会計士の業務において最も重要なものとなるにいたっていた。第一次世界大戦は税務業務および原価計算業務の増加をもたらした。

アメリカの幾つかの州とは異なり、イギリス政府はおよそ会計プロフェッションへの参入条件を規制しようとしたことがなかった。しかしながら、ときに政府は特定の種類の監査についてこれをおこなう能力があると看做される会計士のリストを設けた。このリストに記載される者は通常、認められた会計士団体のメンバーに局限されていた。

イギリスには「会計士」について法による定義がなく、会計士が提供することが正当なサーヴィスの決定はこのプロフェッション自らに委ねられていた。このプロフェッションは「公的規制」、すなわち、プロフェッショナルではなくして政府の官吏が会計およびその他のサーヴィスを提供することに激しく抵抗した。こうした抵抗は破産関係業務よりも監査業務において功を奏した。

政府の規制および登録制度のないなか、イギリスの会計プロフェッションは能力および誠実性を自ら示さなければならず、したがって、司法プロフェッションのゆき方に大いに倣いつつ、とりわけ参入基準、教育訓練、および倫理に意を用いた。会計プロフェッションは高度に実際的な人々の集合体として長短を有していた。会計士たちはクライアントの実際的な要求には素早く対応した一方、理論的な知識を伸ばすことには暇取った。

しかしながら、専門的な文献は一八七〇年代以降、発展をみ、特に注目すべきものとしては大きな影響力をもつ雑誌『アカウンタント』(一八七四年創刊)およびL・R・ディクシーのものした多数の書を挙げることができる。上木された文献は学生のためのテキスト、実務家のための便覧、および正当性をクライアントに示すためのものとして用いられた。監査人および可分利益にかんする判例法が発展をみ、これもこのプロフェッションの文献の一部となった。

このプロフェッションの強みは、成文の倫理規則にではなくして、会計士が高潔性および独立性を有していることを明示したことにあった。このプロフェッションの創始者はその多くが非国教徒の美徳を身に着けていた。第一次世界大戦は会計士たちに仕事をもたらしたのみならず、彼らのステイタスの向上に手を貸した。

イギリスの会計士はアメリカのこのプロフェッションの成立においてひと役を果たした。アメリカの会計士はしかし、イギリスの会計士よりも、破産関係業務および税務業務を手に入れることが困難であった。また、イギリスのこのプロフェッションとアメリカのそれとは構造も異にしている。とはいえ、イギリスの会計士とアメリカのそれとは多くの共通点をもち、互いに他方の経験から有益なことを学ぶことができる。

文献

Anyon, J. T., *Recollections of the Early Days of American Accountancy* (1925)

Brown, R. (ed.), *A History of Accounting and Accountants* (1905; rpt., 1968)

Burton, J. C., 'A Critical Look at Professionalism and Scope of Services', *Journal of Accountancy*, Apr. 1980

Bywater, M. and Yamey, B. S., *Historic Accounting Literature* (1982)

Carr-Saunders, A. M. and Wilson, P. A., *The Professions* (1933)

Carsberg, B., 'Financial Reporting in North America', in C. Nobes and R. Parker (eds.), *Comparative International Accounting* (2nd ed., 1985)

［訳者註］正しくは左記。

Carsberg, B. and Eastergard, A., 'Financial Reporting in North America', in C. Nobes and R. Parker (eds.), *Comparative International Accounting* (1981)

本書の一一一頁の引用「貸借対照表は上下も前後も逆さに示され……財務諸表は部分

的に外国語のようなもので書かれている」について原書は、(Carsberg, 1985, pp. 13–14)、としているが、これは謬り。この引用はCarsberg and Eastergard, 1981, p. 10より。ちなみに、Carsberg, 1985, pp. 13–14は「貸借対照表は上下が逆さに示され……財務諸表は部分的に外国語のようなもので書かれている」としている。

Chatfield, M. (ed.), *The English View of Accountants' Duties and Responsibilities* (1978)

Clapham, J. H., *An Economic History of Modern Britain*, Vol. 3 (1938)

Cocke, H., *Principal Legal Decisions Affecting Auditors* (4th ed., 1946; rpt., 1980)

Cooper, E., *Fifty-Seven Years in an Accountant's Office* (1921; rpt., 1980)

DeMond, C. W., *Price, Waterhouse & Co. in America* (1951; rpt., 1980)

de Roover, R., 'The Development of Accounting Prior to Luca Pacioli According to the Account-Books of Medieval Merchants', in A. C. Littleton and B. S. Yamey (eds.), *Studies in the History of Accounting* (1956)

Dicksee, L. R., *Auditing* (1892; rpt., 1976)

Edwards, J. R. (ed.), *British Company Legislation and Company Accounts 1844-1976*, 2 Vols. (1980)

Edwards, R., 'Some Notes on the Early Literature and Development of Cost Accounting in Great Britain', *Accountant*, 7 Aug., 14 Aug., 21 Aug., 28 Aug., 4 Sep., and 11 Sep. 1937

Gourvish, T. R., *Railways and the British Economy, 1830-1914* (1980)

Gower, L. C. B., Cronin, J. B., Easson, A. J., and Lord Wedderburn, *Gower's Principles of Modern Company Law* (4th ed., 1979)

Grady, P. (ed.), *Memoirs and Accounting Thought of George O. May* (1962)

House, D. V., *Professional Ethics* (1956)

Johnson, T. J., *Professions and Power* (1972)

Jones, E., *Accountancy and the British Economy 1840-1980* (1981)

Kitchen, J. and Parker, R. H., *Accounting Thought and Education* (1980; rpt., 1984)

Lardner, D., *Railway Economy* (1850; rpt., 1968)

Larson, M. S., *The Rise of Professionalism* (1977)

McClelland, J., *The Origin and Present Organization of the Profession of Chartered Accountants in Scotland* (1869)

Matheson, E., *The Depreciation of Factories...* (1884: 2nd ed., 1893; rpt., 1976)

Millerson, G., *The Qualifying Associations* (1964)

Murray, A., 'On the Progress of Accountancy and the Duties Which Come within the Scope of Accountant's Practice', *Accountant*, 24 Dec. and 31 Dec. 1881 (rpt. in Chatfield, 1978)

Murray, A. and Carter, R. N., *A Guide to Income-Tax Practice* (1895; 4th ed., 1905)

Nobes, C. W., 'The Gallerani Account Book of 1305-1308', *Accounting Review*, Apr. 1982

Parker, R. H., *British Accountants* (1980)

Payne, P. L., 'The Emergence of the Large-Scale Company in Great Britain, 1870-1914', *Economic History Review*, Dec. 1967

Pegler, E. C., 'Some Notable Frauds in Accounts', *Accountant*, 15 May 1909 (rpt. in E. Stamp, G. W. Dean, and P. W. Wolnizer (eds.), *Notable Financial Causes Célèbres*, 1980)

Pixley, F. W., *Auditors* (1881; rpt., 1976)

Pixley, F. W., *The Profession of a Chartered Accountant* (1897; rpt., 1978)

Pollins, H., 'A Note on Railway Constructional Costs 1825-1850', *Economica*, Nov. 1952

Renshall, M., 'A Short Survey of the Accounting Profession', in B. Carsberg and T. Hope (eds.), *Current Issues in Accounting* (2nd ed., 1984)

Solomons, D.,'The Historical Development of Costing', in D. Solomons (ed.), *Studies in Cost Analysis* (2nd ed., 1968)

Stacey, N. A. H., *English Accountancy 1800-1954* (1954)

Todd, G., 'Some Aspects of Joint Stock Companies, 1844-1900', *Economic History Review*, Oct. 1932

Watts, R., 'Corporate Financial Statements, A Product of the Market and Political Processes',

Australian Journal of Management, Apr. 1977

Watts, R. and Zimmerman, J., 'The Demand for and Supply of Accounting Theories', *Accounting Review,* Apr. 1979

Woolf, A. H., *A Short History of Accountants and Accountancy* (1912)

Worthington, B., *Professional Accountants* (1895; rpt., 1978)

Ympyn, J., *A Notable and Very Excellente Woorke...* (1547)

[訳者註] 原書における文献の表記法の不統一および文献名等の誤記等には修正を施した。

訳者紹介

友岡賛（ともおか　すすむ）

略歴

1982年　慶應義塾大学商学部卒業
1984年　慶應義塾大学大学院商学研究科修士課程修了
　　　　慶應義塾大学助手（商学部）（～1989年）
1987年　慶應義塾大学大学院商学研究科博士課程所定単位修得退学
1989年　慶應義塾大学助教授（商学部）（～1996年）
1990年　グラスゴウ大学特別客員研究員（法財務学部）（～1992年）
1996年　慶應義塾大学教授（商学部）（～現在）
2005年　慶應義塾大学日本語・日本文化教育センター所長（～現在）
2006年　博士（商学）（慶應義塾大学）

主要著作

『近代会計制度の成立』（有斐閣，1995年）
『アカウンティング・エッセンシャルズ』（福島千幸との共著）（有斐閣，1996年）
『歴史にふれる会計学』（有斐閣，1996年）
『株式会社とは何か』（講談社，1998年）
『会計学の基礎』（編）（有斐閣，1998年）
『会計破綻――会計プロフェッションの背信――』（監訳）（税務経理協会，2004年）
『会計プロフェッションの発展』（有斐閣，2005年）

小林麻衣子（こばやし　まいこ）

略歴

1996年　グラスゴウ大学文学部卒業
2000年　慶應義塾大学大学院法学研究科修士課程修了
2003年　日本学術振興会特別研究員（～2005年）
　　　　セント-アンドルーズ大学大学院歴史学研究科修士課程修了
2005年　明治学院大学講師（非常勤）（教養教育センター）（～現在）
2006年　一橋大学大学院社会学研究科博士後期課程修了
　　　　博士（社会学）（一橋大学）
　　　　武蔵大学講師（非常勤）（人文学部）（～現在）
　　　　東京女子大学講師（非常勤）（文理学部）（～現在）

主要著作

「スコットランド国王ジェイムズ６世の政治思想　1566-1603――ルネサンス期における理想の君主像――」（一橋大学大学院社会学研究科博士論文，2006年）

会計士の歴史

2006年6月30日　初版第1刷発行

著　者――R. H. パーカー
訳　者――友岡賛，小林麻衣子
発行者――坂上弘
発行所――慶應義塾大学出版会株式会社
〒108-8346　東京都港区三田2-19-30
TEL〔編集部〕03-3451-0931
〔営業部〕03-3451-3584〈ご注文〉
〃　03-3451-6926
FAX〔営業部〕03-3451-3122
振替　00190-8-155497
URL　http://www.keio-up.co.jp/
装丁――廣田清子
印刷，製本―港北出版印刷株式会社
カバー印刷―株式会社太平印刷社

Printed in Japan　ISBN 4-7664-1269-9